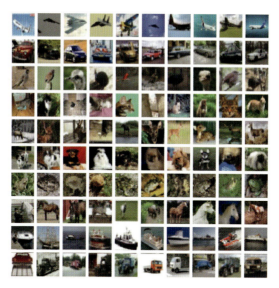

図 3-6

図 4-1

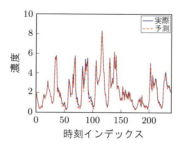

図 5-22

図 4-7

（a）サクラをエゴノキと誤分類　（b）サザンカをツツジと誤分類　（c）センノキをクワと誤分類

図 5-17

（a）エゴノキ　　　　　　　（b）ナンキンハゼ　　　　　　（c）センノキ

図 5-18

fully connected neural network

multi-layer perceptron

convolutional neural network

recurrent neural network

long short-term memory

gated recurrent unit

deep neural network

back propagation

stochastic gradient descent

fine tuning

data augmentation

sequential model

functional API model

Kerasによる
ディープラーニング
Deep Learning
Practical Techniques and Tuning Methods

青野雅樹［著］ Masaki Aono

森北出版

●本書のサポート情報を当社Webサイトに掲載する場合があります．
下記のURLにアクセスし，サポートの案内をご覧ください．

https://www.morikita.co.jp/support/

●本書の内容に関するご質問は，森北出版 出版部「(書名を明記)」係宛
に書面にて，もしくは下記のe-mailアドレスまでお願いします．なお，
電話でのご質問には応じかねますので，あらかじめご了承ください．

editor@morikita.co.jp

●本書により得られた情報の使用から生じるいかなる損害についても，
当社および本書の著者は責任を負わないものとします．

■本書に記載している製品名，商標および登録商標は，各権利者に帰属
します．

■本書を無断で複写複製（電子化を含む）することは，著作権法上での
例外を除き，禁じられています．複写される場合は，そのつど事前に
(一社)出版者著作権管理機構（電話03-5244-5088，FAX03-5244-5089，
e-mail：info@jcopy.or.jp）の許諾を得てください．また本書を代行業者
等の第三者に依頼してスキャンやデジタル化することは，たとえ個人や
家庭内での利用であっても一切認められておりません．

はじめに

■ 本書のねらい

　本書では、Keras とよばれるフレームワークを用いて、ディープラーニングの実践的な技法を紹介します。

　ディープラーニングの習得にはいくつものルートが考えられますが、「実践的な技法を習得する」という立場に立てば、まずフレームワークの動かし方を知り、そのあとに自分の目的に合わせてカスタマイズする、という 2 段階に分かれると考えています（もちろん、どこかの時点で理論を学ぶとより理解が深まります）。そのため、本書の「実践編」もこの段階に合わせた構成となっています。

　また、筆者がディープラーニングを実践するうえで気を付けていることを随所に盛り込みました。たとえば、「訓練したネットワークの重みを保存する」といったことは、ディープラーニングそのものの知識ではありませんが、実装するうえでは大切です。本書では、こうした実装上のポイントも紹介することで、単に「与えられたデータセットでフレームワークを動かす」という段階から脱却し、実践的な知識を身につけることを目標としています。

■ 対象読者

　したがって対象としているのは、

- ディープラーニングについての知識は多少あるが、与えられたデータセットでフレームワークを動かした程度の経験しかない人
- ディープラーニングについては未習だが、伝統的な機械学習のプログラミング経験が多少ある人

です。プログラムを動かせばディープラーニングの基本的な処理手順を体験できる内容となっていますが、大学で習う微積分や線形代数についての知識があれば、より理解が深まるでしょう。

■ 実行環境

本書では、サーバ上にて、Python 3 の Jupyter notebook[1]をバックグラウンドで起動することを仮定しています。Jupyter notebook は、Web ブラウザが使えればどんなクライアントの OS でも動かすことができます。また、グラフの可視化や画像表示、LaTeX での数式入力なども簡単にできます。

Python のパッケージやハードウェアのバージョンについては、付録 D を参照してください。

■ サポートページ

本書で取り上げたプログラムは、以下の URL からダウンロードできます。

http://www.tutarc.org/books/DeepLearning.html

---

[1] https://jupyter.org/

目　次

第1章　速習ディープラーニング　　　1

1.1　ニューラルネットワークの種類　　2
1.1.1　全結合型ニューラルネットワーク　2
1.1.2　畳込み型ニューラルネットワーク　4
1.1.3　再帰型ニューラルネットワーク　6

1.2　ディープラーニングの学習手順　　7
1.2.1　予測値を計算　7
1.2.2　損失関数で誤差を計算　7
1.2.3　重みを更新　8

第2章　Keras によるディープラーニング　　11

2.1　Keras とは?　　12
2.1.1　データ形式　12
2.1.2　代表的な層とその役割　13

2.2　Keras のモデル　　17
2.2.1　Sequential モデル　17
2.2.2　Functional API モデル　18

2.3　層のカスタマイズ　　20

第3章　実践編①：フレームワークを動かしてみる　　25

3.1　手書き文字画像の分類　　26
3.1.1　データの準備　26
3.1.2　多層パーセプトロンの場合　28
3.1.3　畳込み型の場合　37

3.2　カラー画像の分類　　42
3.2.1　データの準備　43
3.2.2　ニューラルネットワークの構築　44
3.2.3　コンパイルと訓練　45

iv │ **目 次**

　　3.2.4　実行結果の評価　47

　3.3　**Twitter データの感情解析** ·· 49

　　3.3.1　データの概要　49
　　3.3.2　データの準備　51
　　3.3.3　ニューラルネットワークの構築と訓練　55

第4章　実践編②：一歩進んだディープラーニングの技法　　63

　4.1　**訓練済みニューラルネットワークを用いる：植物画像の分類** ············ 64

　　4.1.1　訓練済みニューラルネットワークについて　64
　　4.1.2　データの概要と準備　65
　　4.1.3　基本的な処理の流れ　67

　4.2　**ファインチューニング：CIFAR10 画像の分類** ······························· 74

　　4.2.1　基本的な処理の流れ　74
　　4.2.2　層数の多いニューラルネットワークのファインチューニング　83

　4.3　**データオーグメンテーション：CIFAR100 画像の分類** ····················· 89

　　4.3.1　データの概要　90
　　4.3.2　データの準備とニューラルネットワークの構築　91
　　4.3.3　学習率をエポックごとに変化　96
　　4.3.4　`fit_generator` によるデータオーグメンテーション　98
　　4.3.5　mixup によるデータオーグメンテーション　100
　　4.3.6　手法の比較　104

　4.4　**マルチラベル問題：ロイターニュース記事のトピック分類** ··············· 106

　　4.4.1　データの概要　106
　　4.4.2　NLTK パッケージによる自然言語処理　107
　　4.4.3　テキストマイニングの基本的な概念　110
　　4.4.4　ストップワード処理　110
　　4.4.5　トークン抽出　111
　　4.4.6　SVM による分類　112
　　4.4.7　多層パーセプトロンによる分類　114
　　4.4.8　再帰型ニューラルネットワークによる分類　118
　　4.4.9　畳込み型ニューラルネットワークによる分類　122

第5章　実践編③：さらに進んだフレームワークの使い方　　125

　5.1　**3D 形状データの分類と検索** ·· 126

　　5.1.1　データの概要と準備　126
　　5.1.2　3D CNN による分類　129

目 次 | v

5.1.3　3D CNN による検索　134

5.1.4　ファインチューニングによるニューラルネットワーク構造の変更　139

5.2　多出力のニューラルネットワークを用いる ：映画の興行収入の分類・回帰　144

5.2.1　データの概要　144

5.2.2　データのロードと訓練　145

5.2.3　テストデータの予測　151

5.2.4　ランダムフォレストで特徴量の重要度を調べる　154

5.3　機械学習とディープラーニングを組合わせる：植物画像の分類　156

5.3.1　色テクスチャー特徴量による分類　156

5.3.2　BoVW 特徴量による分類　161

5.3.3　色テクスチャー特徴量と BoVW 特徴量をミックス　167

5.3.4　DNN 特徴量をミックス　168

5.4　時系列データの予測　177

5.4.1　データの概要と前処理　177

5.4.2　時系列データのずらし処理　180

5.4.3　再帰型ニューラルネットワークによる 1 時刻先の予測　185

おわりに　190

付録 A　Keras で覚えておきたいデータ形式　191

付録 B　Keras についての補足　196

付録 C　GPU 環境の設定　198

付録 D　実行環境　205

参考文献　208

索　引　210

1

速習ディープラーニング

　本書で用いる Keras は、ディープラーニング
の理論を深く理解していなくても、ある程度ブ
ラックボックスとして使うことができます。と
はいえ、ディープラーニングの構成要素や基本
的な原理は押さえておく必要があります。

　この章では、Keras を使ううえで知っておく
べき最低限のディープラーニングの知識につい
て、概念レベルで簡単に紹介します。

1.1 ニューラルネットワークの種類

ディープラーニングの基礎をなすのは、ニューラルネットワークとよばれるネットワーク構造です。とくに Keras においては、その基本単位である「層」を意識することが重要になります。この節では、代表的なニューラルネットワークについて、それらを構成する層に焦点を当てながら紹介していきます。

1.1.1 全結合型ニューラルネットワーク

ニューラルネットワークとは、出力データが入力データの重みづけで表現できるようなネットワーク構造です。その中でも、入力データを構成する個々の要素がすべての出力データの要素と結びついているものを、**全結合型ニューラルネットワーク** (fully connected neural network, FC) あるいは**全結合層**とよびます（図 1-1）。出力データを数式で表すと、以下のようになります。

$$y_j = f\left(\sum_{i=1}^{m} w_{i,j} x_i + b_j\right)$$

ここで、i は入力データの要素番号を示し、j は出力データの要素番号を表します。

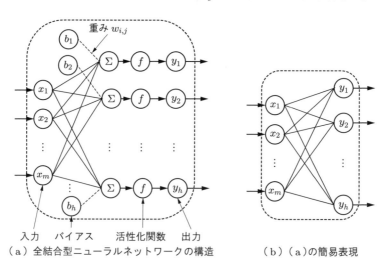

図 1-1　全結合型ニューラルネットワークの構造

また、f は**活性化関数**とよばれるもので、図 1-2 のような単純な関数です。数式で表すと以下のようになります。

- tanh 関数
$$y = \frac{\exp x - \exp(-x)}{\exp x + \exp(-x)}$$

- sigmoid 関数
$$y = \frac{1}{1 + \exp(-x)}$$

- softmax 関数
$$y_i = \frac{\exp x_i}{\sum_{k=1}^{m} \exp x_k} \quad \left(i = 1, \ldots, m, \ \sum_{k=1}^{m} y_k = 1 \right)$$

- ReLU 関数
$$y = \max(x, 0) = \begin{cases} 0 & (x \leq 0) \\ x & (x > 0) \end{cases}$$

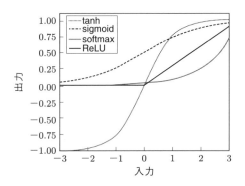

図 1-2　代表的な活性化関数

次節で説明する学習によって重みを更新することで、このような単純な関数だけから複雑な関数をつくることができます。とくに ReLU 関数は、ニューラルネットワークを多層化するときによく使われる関数で、図 1-3 のような亜種があります。

- ELU 関数（α は正の実数パラメータ）
$$y = \begin{cases} x & (x \geq 0) \\ \alpha(\exp x - 1) & (x < 0) \end{cases}$$

- LeakyReLU 関数（α は正の実数パラメータ）

$$y = \begin{cases} x & (x \geq 0) \\ \alpha x & (x < 0) \end{cases}$$

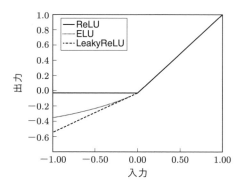

図 1-3　代表的な ReLU 関数

　図 1-4 のように、全結合層を 2 層以上連結し、入力層と出力層の間に一つ以上の隠れ層を追加したものを、**多層パーセプトロン** (multi-layer perceptron, MLP) とよびます。

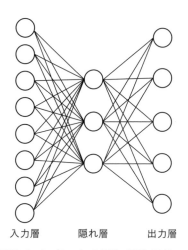

図 1-4　多層パーセプトロンの構造（隠れ層が一つの場合）

1.1.2　畳込み型ニューラルネットワーク

　畳込み型ニューラルネットワーク (convolutional neural network, CNN) は、畳

込みとよばれる処理を行う層をもったニューラルネットワークです（図 1-5）。全結合型では入力データのすべての要素を処理対象としていましたが、畳込み型では、カーネル窓に含まれる要素だけを対象とする畳込み処理により近傍のデータに対して特定の処理をするので、データの空間的局所性を反映させることができます。

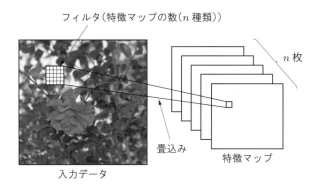

図 1-5　畳込み型ニューラルネットワークの構造

具体的に、どのように畳込み処理が行われるのか見ていきます（図 1-6）。対象は解像度が 24×24 の画像とします。まず、**カーネル窓**（一度に処理を行う範囲）、**ストライド幅**（ずらすときの画素数）、**フィルタ**（カーネル窓に対する処理）を決めます。ここでは、3×3 画素のカーネル窓に対して、ストライド幅は 3 画素とし、最も輝度の高い画素を抽出することにします。左上隅から処理を始めると、横方向に 7 回ストライドすれば、元画像の右端まで処理が進みます。その後、下方向に 3 画

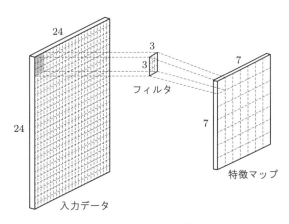

図 1-6　畳込み処理の概要

素ストライドし、また横方向に7回ストライドしながら処理をします。この処理を繰り返すと、全部で7×7回の処理が行われ、元画像の輝度差の大きい部分を強調するようなデータができます（畳込み処理の結果得られる出力データを**特徴マップ**といいます）。

1.1.3　再帰型ニューラルネットワーク

畳込み型のほかにも、データの局所的な関係を考慮したニューラルネットワークの代表例として**再帰型ニューラルネットワーク** (recurrent neural network, RNN) が知られています。再帰型ニューラルネットワークは、出力データを何らかの形で入力データにフィードバックするニューラルネットワークです。とくに、テキストや時系列データなど、順序（時間的局所性）が支配的なデータに対して有効です。

ネットワークは、図1-7のように表現されます。ただし、図1-7(a)では一つのノードで一つのネットワーク全体を表しています。

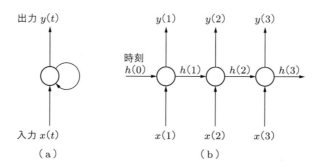

図1-7　再帰型ニューラルネットワークの構造

1.2 ディープラーニングの学習手順

　ディープラーニングで扱う問題の多くは、いわゆる教師あり学習とよばれる機械学習の一種の問題として位置づけられます。したがって、分類や回帰といったタスクを行う前に、正解データを用いて学習器（ニューラルネットワーク）を訓練する必要があります。具体的には、1.1 節で説明したニューラルネットワークの層を用いて予測値を計算し、その予測値と真値の誤差が少なくなるように、損失関数と最適化手法で層の重みを修正します（図 1-8）。

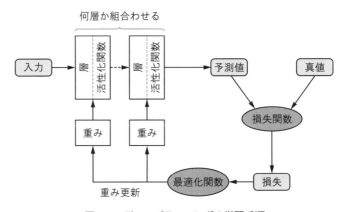

図 1-8　ディープラーニングの学習手順

　なお、ディープラーニングの「ディープ」は、ニューラルネットワークの層を何層にも組合わせることに由来しています。

1.2.1　予測値を計算

　ニューラルネットワークに入力データを与え、**予測値**を計算させます。通常、重みなどのパラメータの初期値は適当に決めておきます。一度にすべての入力データで重みを訓練するのが理想ですが、通常は一定サイズの塊（**バッチ**）で訓練します。

1.2.2　損失関数で誤差を計算

　真値（ground truth ともよばれます）と予測値を比較して、誤差がどのくらいか

8 | 第 1 章 速習ディープラーニング

を見積もります。そのときに使われるのが**損失関数**とよばれる関数です。代表的なものとしては、以下のものがあります。ただし、t は真値、y は予測値を表しています。

- **MSE** (mean squared error)　平均 2 乗誤差。回帰問題によく利用される。$(t - y)^2$
- **MAE** (mean absolute error)　平均絶対誤差。MSE 同様、回帰問題によく利用される。$|t - y|$
- **ヒンジ誤差**　予測値が 1 以下なら線形に減少し、1 より大きい場合はゼロに近づく誤差関数。SVM のような「マージン最大化」による分類問題によく利用される。$\max(0, 1 - t \cdot y)$
- **バイナリ・クロスエントロピー**　2 値分類によく使用される。$-t \cdot \log y$
- **カテゴリカル・クロスエントロピー**　多値分類によく使用される。$-\sum_i t_i \cdot \log y_i$

1.2.3　重みを更新

　誤差が計算できたら、その誤差が小さくなるように重みを更新します。代表的な手法として、出力に近い層から、入力に近い層の重みを更新する**誤差逆伝播法** (back propagation) が知られています。たとえば、SGD（確率的勾配法）を数式で表現すると以下のようになります。

$$\mathbf{w}' \leftarrow \mathbf{w} - \eta Q(\mathbf{w})$$

ただし、$\mathbf{w}'$ は更新後の重み、$\mathbf{w}$ は現在の重み、η は学習率（学習係数）、$Q(\mathbf{w})$ は現在の重みにおける損失関数の減少方向を表します。ほかの手法としては RMSprop、Adam などが知られています。

実行結果の同一性

　一般にディープラーニングでは、重みの初期値がランダムに与えられて図1-8の処理を反復実行します。このランダム性のため、実行結果の再現性は保証されません。また、GPU利用環境下（付録C参照）では、内部で複雑な並列処理が実行されており、そこでも計算結果の同一性は保証されません。

　したがって、実行のたびに予測値が変動します。第2章以降で紹介するプログラムの実行例は、あくまで例として、一度だけ実行した結果を示しています。

　ディープラーニングを用いて複数の手法を比較する場合は、ハードウェアやOSなどの環境を固定したうえで、時間的に余裕があれば複数回実行し、その平均値や標準偏差をもとに結果を示すのがよいと思います。たとえば、「手法Aの予測値は1.275 ± 0.106、手法Bの予測値は1.318 ± 0.133」のように、「（各実行結果の平均値）$\pm 3 \times$（標準偏差）」として統計的に示すほうが、実用的あるいは学術的にはよいと思います。

2

Kerasによるディープラーニング

ディープラーニングを実際にプログラムを通して実行するためには、ディープラーニングを実行できるフレームワークが必要となります。

いろいろなフレームワークの中でも、本書では、使い方が直感的で、初心者も簡単に学習できるKerasを選択しました。上級者もカスタマイズ機能を追加することで、ディープラーニングで解きたいほとんどの問題に対応可能です。

この章では、Kerasの基本情報を紹介します。

2.1 Kerasとは?

Kerasは、上位レベルのディープラーニングのフレームワークです（図2-1）。つまり、下位レベル（バックエンド）のいくつかのフレームワークとタイアップして使えるということです。Kerasがバックエンドとして選択できるフレームワークとしては、Google社が開発したTensorFlow、モントリオール大学が開発したTheano、Microsoft社が開発したCNTKなどが知られています[†1]。

図2-1　Kerasの位置づけ

2.1.1 データ形式

Kerasでのディープラーニングでは、ニューラルネットワークの中を流れるデータは**テンソル**とよばれます。テンソルとは、多次元の数値データが入った容器のようなもので、NumPy配列と同様に**シェープ**の概念があります。ニューラルネットワークでは、入力データのシェープ、各層で受け付けられるシェープ、出力データのシェープがばらばらであることが多いので、それらを揃えることが重要になります。

各次元のテンソルの代表例とそのシェープ例を表2-1に示します。

[†1] 本書では、挙動の速さと世界的なユーザの多さから、TensorFlowをバックエンドとして採用します。

表 2-1　テンソルの代表例とそのシェープ例

テンソルの次元	代表例	シェープ例
0	スカラー	( )
1	ベクトル	(3,)
2	行列	(samples, features)
3	時系列データ	(samples, timesteps, features)
4	カラー画像	(samples, height, width, channels)
4	ボクセルデータ	(samples, height, width, depth)
5	動画データ	(samples, frame, height, width, channels)

2.1.2　代表的な層とその役割

　Keras の構成要素はニューラルネットワークの層です。層をレゴブロックのように組合わせて、多層のニューラルネットワークを構成できます。代表的な層には以下のようなものがあります。

■ 学習用の層

　Dense、Conv は、それぞれ 1.1 節で説明した全結合層、畳込み層です。Embedding は、主にテキストデータの前処理で用いられる層です。LSTM（long short-term memory）、GRU（gated recurrent unit）は再帰型のニューラルネットワークの例です。

呼び出し方の例	意味
Dense(256)	256 個のユニットを出力する全結合層
Conv1D(50,3)	窓長 3、特徴マップ数 50 の 1 次元畳込み
Conv2D(64,(3,3))	窓サイズ (3, 3) で特徴マップ数 64 の 2 次元畳込み
Embedding(200,32)	200 個の語彙を 32 次元ベクトルに埋め込む
LSTM(64)	出力が 64 ユニットの LSTM
GRU(64)	出力が 64 ユニットの GRU

■ パラメータ設定用の層

　Dropout はランダムに訓練データを間引く関数です。ネットワークが訓練データに過剰に適合する場合（過学習）に使われます[†1]。Activation は、活性化関数を

---

†1　ほかにも過学習を緩和する方法としては、ハイパーパラメータ（最適化関数、学習率、ネットワークの構造などの重み以外のパラメータ）の変更があります。

指定するために使います。いずれも上述の学習用の層のオプションのパラメータとしても指定できますが、単独で呼び出すこともできます。

呼び出し方の例	意味
Dropout(0.5)	50%のユニットをランダムに取り除く
Activation('relu')	活性化関数を ReLU にする

■ ラッパー用の層

学習用の層を組合わせるときに、それらのシェープを整合させる層で、図 2-2 のように、全結合層と LSTM 層を結合したり（図 (a)）、畳込み層と LSTM 層を結合したり（図 (b)）できます。

呼び出し方の例	意味
Lambda(lambda x:x*2)	個々の x を 2 乗する
TimeDistributed(Dense(1))	Dense 層を適用し、timesteps の次元を 1 次元にする
Bidirectional(LSTM(32))	32 次元のデータを出力する双方向 LSTM を指定する
Reshape((7,7,128))	入力データのシェープを (7,7,128) に変更する。ただし、入力データの次元は 7 × 7 × 128 に一致していなければならない。

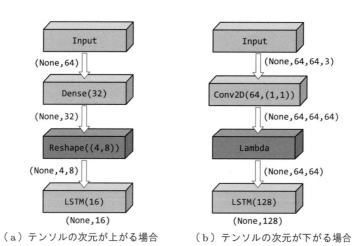

（a）テンソルの次元が上がる場合　　（b）テンソルの次元が下がる場合

図 2-2　ラッパー用の層の利用例

■ 演算用の層

図 2-3 のように、種類の異なる層をまとめたり、次元の異なる層を統合したりと、複雑なネットワークを構成する場合に用いられます。2.4 節で説明する Functional API で登場します。

呼び出し方の例	意味
Add()[x1,x2]	x1 と x2 で表されるテンソルを要素ごと加算する。x1 と x2 のシェープは一致していなければならない。
Subtract()[x1,x2]	x1 と x2 で表されるテンソルを要素ごと引算する。x1 と x2 のシェープは一致していなければならない。
Multiply()[x1,x2]	x1 と x2 で表されるテンソルを要素ごと乗算する。x1 と x2 のシェープは一致していなければならない。
Dot()[x1,x2]	x1 と x2 で表されるテンソルどうしにドット積（内積）を適用する。x1 と x2 のシェープは一致していなければならない。
Concatenate()[x1,x2,x3]	x1 と x2 と x3 で表されるテンソルを結合する。x1 と x2 のシェープは最終次元を除き一致していなければない。たとえば、x1=(2,2,5), x2=(2,2,15), x3=(2,2,20) なら、演算結果は (2,2,40) となる。

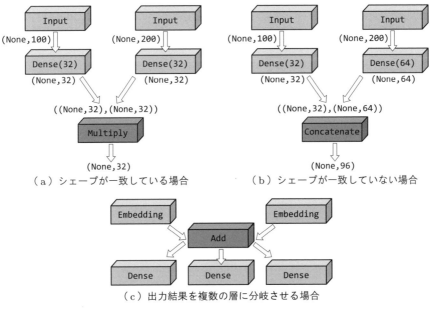

図 2-3　演算用の層の利用例

16 | 第 2 章 Keras によるディープラーニング

■ その他の層

呼び出し方の例	意味
Flatten()	1 次元化する
BatchNormalization()	隠れ層の正規化
MaxPooling2D()	最大値プーリング
Input()	Functional API で利用する入力層

2.2　Keras のモデル

Keras では、2 種類のニューラルネットワークの構築用のモデルが利用できます。

2.2.1　Sequential モデル

Sequential モデルは、層を直列につなぐ最もシンプルなモデルです。最初は

```
from keras.models import Sequential
model = Sequential()
```

でスタートします。次に、ここにいろいろな層を add 関数で追加していきます。た
とえば、

```
model.add(Dense(512, activation='relu', input_shape=(784,)))
model.add(Dropout(0.2))
model.add(Dense(512, activation='relu'))
model.add(Dropout(0.2))
model.add(Dense(10, activation='softmax'))
```

のように add 関数を 5 回適用し、最終層までの定義を終えます。活性化関数は、
`activation` オプションで与えています。また、最初の層では、`input_shape` オ
プションでシェープを与えています。その後、

```
model.compile(loss='categorical_crossentropy',
              optimizer='adam',
              metrics=['accuracy'])
```

のようにコンパイル関数を呼び出します。この際、損失関数を `loss` オプションで、
最適化手法を `optimizer` オプションで与えています。`metrics` オプションは、リ
ストで評価基準を与えるものです。損失関数と似ていますが、モデルの性能の判断
に使用されるだけで、実際の損失関数ではありません。

　コンパイルが終わったら、訓練を開始する準備ができたことになります。学習は、
訓練データ、エポック、バッチサイズなどを与え、モデルの `fit` 関数を呼び出して、
通常はエポックの最後まで行われます。

```
history = model.fit(x_train, y_train,
                    batch_size=batch_size,
                    epochs=20,
                    validation_data=(x_test, y_test))
```

ただし、エポックの最後までではなく、バッチサイズだけ実行することもできます。その場合、たとえば

```
batch_loss = model.train_on_batch(x, y)
```

のように記述します。

　訓練済みモデルを使ってテストデータで予測したい場合は

```
pred = model.predict(x_test)
```

で予測値が返ってきます。また、評価したい場合は、

```
result = model.evaluate(x_test, y_test)
```

を実行すると、テストデータでの損失の平均値と、コンパイルの `metrics` オプションで指定した精度の平均値などがリストで返ってきます。

　なお、`model.fit` 関数の結果は、`history` という変数で受けていますが、実際は `keras.callbacks.History` オブジェクトが返ってきます。これはあとで、エポックごとの精度や損失値のグラフを描画したり、履歴を Pickle 形式で保存したりするためです。

2.2.2　Functional API モデル

■ モデルの構成

　Functional API モデルは、Sequential モデルでは表現できない、複雑なニューラルネットワークを表現できるモデルです。たとえば、画像とテキストのように複数の入力をニューラルネットワークに与えたり、分類と予測を同時に行ったり、二つの層を一つの層にまとめたり、逆に一つの層から二つ以上の層に分岐したり、多様なニューラルネットワークの形態を構成することが可能です。

　2 入力 1 出力を例に説明しましょう。まず、**Input** クラスを用いて、以下のように入力を構築します。

```
in_1 = Input(shape=(256,), name='BoVW')
in_2 = Input(shape=(4096,), name='VGG16')
```

次に、入力データを流し込むニューラルネットワークを定義します。

```
x1 = Dense(64)(in_1)
x2 = Dense(256)(in_2)
```

最終的に 1 出力にしたいので、Concatenate 層という連結層を定義します。Sequential モデルと根本的に異なるのはこういった演算層の存在で、Functional API で多入力や多出力のネットワークを構築する際にとくに重要になります。

```
all = Concatenate()([x1, x2])
```

このあと、どのような予測をするかを活性化関数に softmax 関数を使って記述します。

```
out = Dense(20, activation='softmax')(all)
```

最後に、Model クラスを用いて、パラメータとして、入力層リスト (inputs) と出力層リスト (outputs) を与えてニューラルネットワークを完成させます。

```
model = Model(inputs=[in_1, in_2], outputs=[out])
```

同様にして、1 入力 2 出力のニューラルネットワークも定義することができます（プログラム 5-14 に例があります）。その場合、上述の Model クラスだと input リストが 1 個で outputs リストが 2 個の出力になります。

20 | 第 2 章 Keras によるディープラーニング

2.3 層のカスタマイズ

Keras では、基本的に 2.2 節で説明した層を用いてネットワークを構築していきますが、これらにはない機能を付加した層を自分で作成して組み込むこともできます。

入力データ（テンソル）の各要素の平方根を出力する例を考えます[1]。ここでは重みを 1 個だけ導入し、学習させる方法（プログラム 2-1）を紹介します。プログラム 2-1 において、カスタマイズ層は MySqrt という名称のクラスで、以下の四つの関数でカスタマイズしています。まず、MySqrt というクラスを作成し、そのあとこのクラスを呼び出します。

具体的には、以下のような手順でカスタマイズ層を作成します。

1. カスタマイズ層の名前を決め、引数は Layer とする。
2. コンストラクタである __init__ 関数を定義する。
3. 重みを定義する build 関数を定義する。
4. 実際にカスタマイズしたい機能（ここでは平方根計算）を呼び出す call 関数を定義する。
5. シェープを返す get_output_shape_for 関数を定義する。

__init__ という名前のコンストラクタでは、特殊な処理はなく、出力の次元数（変数 output_dim）をクラス内に保持しています。build 関数では、NumPy に含まれる乱数発生関数で重みパラメータを初期化しています。このうち、重み変数 W には、K.variable というバックエンドの variable 関数で初期値を与えています。call 関数は、バックエンドの K.sqrt(x) という平方根を計算する関数で得られた値に重み W を乗じた値を返す関数です。get_output_shape_for 関数は、入力の 1 次元目の値と出力の次元の値とで生成される 2 次元のシェープを返す関数です。

プログラム 2-1　平方根を計算するカスタマイズ層の定義 (Custom ①)

```
1  from keras import backend as K
2  from keras.engine.topology import Layer
3  import numpy as np
4
```

---

[1] https://keras.io/layers/writing-your-own-keras-layers/ を参考にしています。

2.3 層のカスタマイズ | 21

```
5   # カスタマイズ層
6   class MySqrt(Layer):
7       def __init__(self, output_dim, **kwargs):  # コンストラクタ
8           self.output_dim = output_dim
9           super(MySqrt, self).__init__(**kwargs)
10
11      def build(self, input_shape):  # 重みは乱数で初期化
12          input_dim = input_shape[1]
13          initial_weight_value = np.random.random((input_dim, self.output_dim))
14          self.W = K.variable(initial_weight_value)
15          self.trainable_weights = [self.W]
16
17      def call(self, x, mask=None):
18          x = K.sqrt(x)  # 平方根を計算
19          return K.dot(x, self.W)  # 重みを乗じる
20
21      def get_output_shape_for(self, input_shape):
22          return (input_shape[0], self.output_dim)
```

プログラム 2-2 のように、プログラム 2-1 で定義されている **MySqrt** というクラスを呼び出します。5 行目の **MySqrt(1)** で、出力次元である 1 のみをパラメータとして渡しています。

プログラム 2-2　カスタマイズ層の呼び出し (Custom ②)

```
1   from keras.layers import Input
2   from keras.models import Model
3
4   data_input = Input(shape=(1,))
5   data_output = MySqrt(1)(data_input)  # カスタマイズ層の呼び出し
6   model = Model(inputs=[data_input], outputs=[data_output])
7   model.summary()
8
9   # グラフのプロット
10  dotPlot(model,'Custom-MySqrt')
11  SVG(model_to_dot(model, show_shapes=True).create(prog='dot', format='svg'))
```

実行すると、以下の結果が得られます。

```
Layer (type)              Output Shape         Param #
=========================================================
input_1 (InputLayer)      (None, 1)            0
```

```
my_sqrt_1 (MySqrt)          (None, 1)              1
=====================================================
Total params: 1
Trainable params: 1
Non-trainable params: 0
```

　実行結果で表示されている Output Shape の (None, 1) は、1 次元目はサンプル数、2 次元目はデータの次元を表します。Keras では、可変長のサンプル数次元は None と出力されます。また、Param の出力を見ると、このネットワークには重みが 1 個だけあることがわかります。すなわち、学習過程ではこの重みを訓練することになります。ニューラルネットワークの構造を示すグラフは、図 2-4 のようにとてもシンプルです。

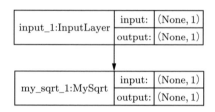

図 2-4　ネットワークの構造

　プログラム 2-3 では、2 行目で入力データ（訓練データ）を指定し、3 行目でその答えである平方根を計算し、正解データとして生成しています。5 行目のコンパイルでは、最適化手法として SGD（確率的勾配降下法）を、損失関数としては MSE（平均 2 乗誤差）を選択しました。6 行目の model.fit 関数の第 1、第 2 パラメータは、それぞれ訓練データと正解データで、第 3 パラメータはエポックの回数です。8 行目の model.predict 関数で、三つのテストデータ (49, 81, 100) の平方根をカスタマイズ層で計算近似しています。

プログラム 2-3　30 個のデータでカスタマイズ層を訓練 (Custom ③)

```
1  # 30個のデータで訓練
2  input_data = np.arange(30, dtype=np.float)
3  output_data = np.sqrt(input_data)
4  # コンパイル(最適化手法と損失関数を指定)
5  model.compile(optimizer='sgd', loss='mse')
6  history = model.fit([input_data], [output_data], epochs=10)
```

2.3 層のカスタマイズ | 23

```
7  # テストデータで予測
8  value = model.predict([np.array([49.0, 81.0, 100.0])])
9  print(value)
```

実行すると、以下の結果が得られます。

```
Epoch 1/10
30/30 [==================] - 0s 12ms/step - loss: 3.3096
Epoch 2/10
30/30 [==================] - 0s 79us/step - loss: 1.6684
  Epoch 3/10
30/30 [==================] - 0s 65us/step - loss: 0.8410
Epoch 4/10
30/30 [==================] - 0s 76us/step - loss: 0.4240
Epoch 5/10
30/30 [==================] - 0s 101us/step - loss: 0.2137
Epoch 6/10
30/30 [==================] - 0s 82us/step - loss: 0.1077
Epoch 7/10
30/30 [==================] - 0s 80us/step - loss: 0.0543
Epoch 8/10
30/30 [==================] - 0s 84us/step - loss: 0.0274
Epoch 9/10
30/30 [==================] - 0s 88us/step - loss: 0.0138
Epoch 10/10
30/30 [==================] - 0s 78us/step - loss: 0.0070
 [[6.891135]
 [8.860031]
 [9.844479]]
```

　出力の最後に、テストデータの近似値が表示されます。30 個の訓練データで
は少なかったのか、本来は [[7],[9],[10]] となるべきところが [6.891135],
[8.860031], [9.844479] となっており、精度がいまいちであることがわかりま
す。この精度を向上する簡単な方法は訓練データを増やすことです。プログラム 2-3
の 2〜3 行目で 30 個のデータで訓練していますが、たとえばこれを 50 個に増やす
と、高精度に平方根が計算できます。

3

実践編①
フレームワークを動かしてみる

「はじめに」でも述べたように、ディープラー
ニングの技術を習得するうえでは、まずは実際
のデータに触れてフレームワークの動かし方を
知ることが重要です。

　この章では、簡単な事例を通してディープラー
ニングを体験してみましょう。

26 | 第 3 章　実践編①：フレームワークを動かしてみる

3.1　手書き文字画像の分類

　機械学習では、MNIST[†1]という大量の手書き文字画像のデータセットが長く使われてきました。ディープラーニングのデータセットとしても、基本的な題材として最初の学習によく使われています[†2]。以下では、MNIST の画像を、シンプルな多層パーセプトロンと畳込み型ニューラルネットワークで分類してみます。

3.1.1　データの準備

　Python の標準的な描画ライブラリである matplotlib[†3]を使って、MNIST のデータ（10 種類）を表示してみましょう。

　まず、プログラム 3-1 のように、ブラウザ上に描画するために必要な import 文などの宣言をしておきます。1 行目の%で始まる命令は、Jupyter のコード片に描画命令がある場合、そのコード片の下（実行結果スペース）に結果を描画するためのものです。8 行目で、この例で用いる MNIST データを指定しています。

```
プログラム 3-1　import 文などの宣言 (MNIST ①)
1  %matplotlib inline
2  import numpy as np
3  from PIL import Image    # 画像処理ライブラリ Pillow の Image クラスをインポート
4  import matplotlib.pyplot as plt
5  import os
6  import sys
7  import keras
8  from keras.datasets import mnist    # Keras に内蔵された MNIST を使う
```

　次に、プログラム 3-2 のように、plot_mnist 関数を使って同じ画像を横に 10 枚、縦に 10 枚並べて表示します。

---

†1　http://yann.lecun.com/exdb/mnist/
†2　Keras では、MNIST などのいくつかのデータセットを load_data 関数でロードできます。もしシステムに MNIST のデータが存在しない場合は、インターネット上の指定された URL から自動的にダウンロードしてくれます。
†3　https://matplotlib.org/

3.1 手書き文字画像の分類 | 27

プログラム 3-2　画像を表示する関数 (MNIST ②)

```python
def plot_mnist(x, y, result_dir):  # xは画像データ, yはラベル (0～9)
    row, col = 10,10
    plt.figure()
    fig, axes = plt.subplots(
        row,col,figsize=(7,7),  # 描画全体のサイズ(単位はインチ)
        gridspec_kw={'wspace':0, 'hspace':0.05})  # 画像間の上下間隔

    # 10種類ごとにまとめて表示
    nclasses = 10
    for targetClass in range(nclasses):
        targetIdx = []
        # クラス classID の画像のインデックスリストを取得
        for i in range(len(y)):
            if y[i] == targetClass:
                targetIdx.append(i)

        # 各クラスからランダムに選んだ最初の10枚の画像を表示
        np.random.shuffle(targetIdx)
        for i in range(col):
            idx = targetIdx[i]
            img = Image.fromarray(X[idx],'L')  # 実数配列から画像データに変換
            axes[targetClass][i].set_axis_off()  # 軸は表示しない
            axes[targetClass][i].imshow(img, cmap=plt.get_cmap('gray'))

    plt.savefig(os.path.join(result_dir, 'MNIST-sample.jpg'))  # 画像を保存
    plt.show()
```

さらに、プログラム 3-3 のように、Keras に内蔵されている MNIST データをロードし、訓練画像やテスト画像のシェープを表示します。

プログラム 3-3　データのロードと表示 (MNIST ③)

```python
# MNIST データをロード
(x_train, y_train), (x_test, y_test) = mnist.load_data()

print(y_train)  # ラベルデータ(一部)を表示
print(type(y_train[0]))  # ラベルデータが整数であることを確認

print("訓練画像データのシェープ：",x_train.shape)
print("テスト画像データのシェープ：",x_test.shape)
```

28 　第 3 章　実践編①：フレームワークを動かしてみる

```
9   print("訓練ラベルデータのシェープ：",y_train.shape)
10  print("テストラベルデータのシェープ：",y_test.shape)
11  num_train_data = x_train.shape[0]
12  num_test_data = x_test.shape[0]
13
14  # 各クラス最初の 10 枚の画像を表示
15  plot_mnist(x_train, y_train, 'output')
```

実行結果は以下のようになります。

```
[5 0 4 ..., 5 6 8]
<class 'numpy.uint8'>
訓練画像データのシェープ： (60000, 28, 28)
テスト画像データのシェープ： (10000, 28, 28)
訓練ラベルデータのシェープ： (60000,)
テストラベルデータのシェープ： (10000,)
```

　すると、図 3-1 のような MNIST の画像が表示されます。同時に output という
名前のワーキングフォルダ（ディレクトリ）に画像 (MNIST-sample.jpg) が書き
出されます。

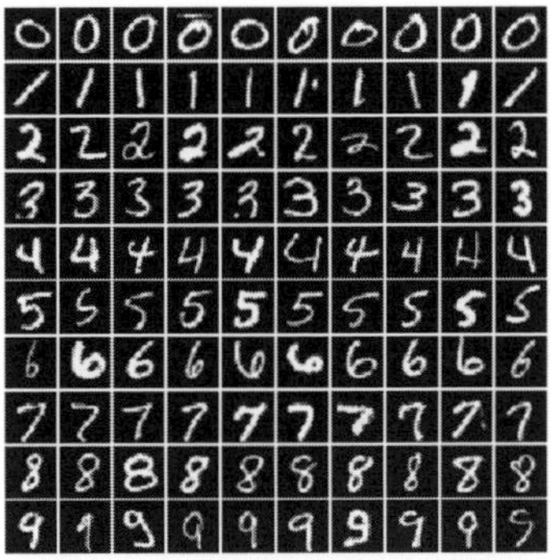

図 3-1　表示された MNIST の画像

3.1.2　多層パーセプトロンの場合

　最初は、シンプルな多層パーセプトロンを MNIST のデータで訓練させます。た
だし、全結合層は 1 次元データしか受け付けませんので、たとえば以下のプログラ
ム 3-4 のように、入力データは 1 次元化しておく必要があります。

3.1 手書き文字画像の分類 | 29

プログラム 3-4　データの 1 次元化とワンホットベクトルの生成 (MNIST ④)

```
 1  num_flatten_data = x_train.shape[1] * x_train.shape[2]
 2  x_train = x_train.reshape(num_train_data, num_flatten_data)
 3  x_test = x_test.reshape(num_test_data, num_flatten_data)
 4
 5  num_gray_scale_max = 255
 6  x_train = x_train.astype('float32')
 7  x_test = x_test.astype('float32')
 8  x_train /= num_gray_scale_max
 9  x_test /= num_gray_scale_max
10  print(x_train.shape[0], 'train_samples')
11  print(x_test.shape[0], 'test_samples')
12
13  # ラベルを整数値からワンホットベクトル値に変換
14  num_classes = 10
15  y_train = keras.utils.to_categorical(y_train, num_classes)
16  y_test = keras.utils.to_categorical(y_test, num_classes)
17
18  print(y_train.shape)
19  print(type(y_train))
20  print(y_train)  # ワンホットベクトル変換を確認
```

ただし、単に 1 次元化しているだけでなく、**ワンホットベクトル**（1 箇所だけ値が 1 で、ほかの箇所の値がすべてゼロのベクトル）に変換していることに注意してください。Keras では、`keras.utils.to_categorical` 関数で、第 1 パラメータの変数を第 2 パラメータで指定する `num_classes` 次元のワンホットベクトルに変換できます。

プログラム 3-4 を実行すると、以下のような結果が得られます。

```
60000 train samples
10000 test samples
(60000, 10)
<class 'numpy.ndarray'>
[[ 0.  0.  0. ...,  0.  0.  0.]
 [ 1.  0.  0. ...,  0.  0.  0.]
 [ 0.  0.  0. ...,  0.  0.  0.]
 ...,
 [ 0.  0.  0. ...,  0.  0.  0.]
 [ 0.  0.  0. ...,  0.  0.  0.]
 [ 0.  0.  0. ...,  0.  1.  0.]]
```

30 | 第 3 章 実践編①：フレームワークを動かしてみる

次に、プログラム 3-5 のように、多層パーセプトロンを構築します。ここでは全結合層を 3 層使っています。モデル全体は 4 行目の Sequential クラスの呼び出しで定義し、その構成要素を 5〜9 行目の add 関数で直列に重ねています。損失関数と最適化手法は、11 行目の model.compile 関数内のオプションで、それぞれカテゴリカル・クロスエントロピーと RMSprop で与えています。

プログラム 3-5　MLP の構築 (MNIST ⑤)

```
1  from keras.models import Sequential
2  from keras.layers import Dense, Dropout
3  from keras.optimizers import RMSprop
4  model = Sequential()
5  model.add(Dense(512, activation='relu', input_shape=(784,)))
6  model.add(Dropout(0.2))
7  model.add(Dense(512, activation='relu'))
8  model.add(Dropout(0.2))
9  model.add(Dense(10, activation='softmax'))
10 model.summary()
11 model.compile(
12     loss='categorical_crossentropy',
13     optimizer=RMSprop(),
14     metrics=['accuracy'])
```

結果は以下のようになります。

```
Layer (type)                 Output Shape              Param #
=================================================================
dense_1 (Dense)              (None, 512)               401920

dropout_1 (Dropout)          (None, 512)               0

dense_2 (Dense)              (None, 512)               262656

dropout_2 (Dropout)          (None, 512)               0

dense_3 (Dense)              (None, 10)                5130
=================================================================
Total params: 669,706
Trainable params: 669,706
Non-trainable params: 0
```

出力は、最後の3行を除けば、3列の表形式で出力されます。1列目は層タイプと名前（name="名前"オプションがない場合は、自動的に付加されます）、2列目は出力のシェープ、3列目はニューラルネットワークの重みパラメータです。出力シェープにある None とは、データが入力されるまでは値が決まらないことを表します。最後の3行は、1行目がパラメータ総数、2行目が訓練可能なパラメータ（重みパラメータ）数、3行目が訓練しても不変なパラメータ数を表します。

ここでは重みパラメータが約67万あることに着目してください。とくに、7行目の全結合層に重みパラメータが集中していることがわかります。このパラメータ数、バッチサイズ、層の構造、ならびに使用している計算機のスペックから、1エポックあたりのおおよその計算時間が経験的に求められます。筆者の環境[1]だと、1エポックあたり3秒程度になります。

■ 多層パーセプトロンの訓練開始

ここから、多層パーセプトロンの訓練をプログラム3-6のように開始します。

```
プログラム 3-6   MLP の訓練開始 (MNIST ⑥)

1  batch_size = 128
2  epochs = 50
3
4  history = model.fit(
5      x_train, y_train,  # 訓練データと正解データ
6      batch_size=batch_size,  # バッチサイズ
7      epochs=epochs,  # エポック数
8      verbose=1,  # 訓練の進行度合いを表示
9      validation_data=(x_test, y_test))  # テストデータ
```

実行すると、以下のようなエポックごとの精度と誤差が出力されます。ただし、ここでは一部だけを表示しています。

```
Train on 60000 samples, validate on 10000 samples
Epoch 1/50
60000/60000 [=] - 3s 56us/step - loss: 0.2439 - acc: 0.9251 - val_loss: 0.1307
- val_acc: 0.9579
Epoch 2/50
60000/60000 [=] - 2s 36us/step - loss: 0.1024 - acc: 0.9686 - val_loss: 0.0783
```

---

[1] 本書執筆時の実行環境については、付録 D を参照。

32 第 3 章 実践編①：フレームワークを動かしてみる

```
- val_acc: 0.9745
Epoch 3/50
60000/60000 [=] - 2s 37us/step - loss: 0.0769 - acc: 0.9772 - val_loss: 0.0715
- val_acc: 0.9779
......
Epoch 48/50
60000/60000 [=] - 2s 40us/step - loss: 0.0128 - acc: 0.9977 - val_loss: 0.1421
- val_acc: 0.9834
Epoch 49/50
60000/60000 [=] - 2s 41us/step - loss: 0.0122 - acc: 0.9975 - val_loss: 0.1432
- val_acc: 0.9841
Epoch 50/50
60000/60000 [=] - 3s 44us/step - loss: 0.0162 - acc: 0.9971 - val_loss: 0.1341
- val_acc: 0.9843
```

■ 重要なデータの保存

　ディープラーニングを行う場合に習慣としてお勧めするのは、途中経過ならびに
実行結果を保存することです。現実問題をディープラーニングで解く場合、訓練が
長時間になることがありますが、訓練の結果を保存しておくと、次に同じネットワー
クを用いる際に訓練部分をスキップできます。たとえばプログラム 3-7 のように、
重みパラメータをいくつかの形式で保存します[1]。

プログラム 3-7　訓練データなどの保存 (MNIST ⑦)

```
1   # HDF5 形式で保存
2   model.save('MNIST-MLP.h5')
3   model.save_weights('MNIST-MLP-weights.h5')
4
5   # Pickle 形式で保存
6   import pickle
7   with open('MNIST-MLP.pkl', 'wb') as h_file:
8       pickle.dump(history.history, h_file)
9
10  # JSON 形式で保存
11  json_str = model.to_json()
12  open('MNIST-MLP.json','w').write(json_str)
```

　`model.save` 関数は、訓練したモデルと重みを保存します。`model.save_weights`

---
[1]　保存するデータ形式の詳細は付録 A を参照。

3.1 手書き文字画像の分類 | 33

関数は、重みだけを保存します。また、学習の履歴（エポックごとの精度や損失値など）は Pickle 形式で保存します（5〜8 行目）。ニューラルネットワークの構造を可読データ形式で保存したい場合は、JSON 形式で保存します（10〜12 行目）。

■ 訓練時の精度と損失の描画

次に、matplotlib で精度（真値に対する予測値の割合）と損失（カテゴリカル・クロスエントロピーによる損失）をグラフとして描画します。プログラム 3-8 は、日本語のフォント[†1]を含め、matplotlib で描画する際に便利なフォントとそのパスを設定するプログラムです。

プログラム 3-8　描画の準備 (MNIST ⑧)

```
1  # matplotlibのフォントの制御（大きさや種類）
2  import matplotlib.pyplot as plt
3  import matplotlib.font_manager as fm
4  import matplotlib.patheffects as path_effects
5
6  # 日本語フォントの設定（IPAexフォントの設定）
7  from matplotlib import font_manager
8  font_path='/usr/share/fonts/opentype/ipaexfont-gothic/ipaexg.ttf'
9  font_prop = font_manager.FontProperties(fname=font_path)
10 font_prop.set_style('normal')
11 font_prop.set_weight('light')
12 font_prop.set_size('12')
13 fp2 = font_prop.copy()
14 fp2.set_size('25')
```

プログラム 3-9 がエポック–精度グラフの描画プログラムです。

プログラム 3-9　エポック–精度グラフの描画 (MNIST ⑨)

```
1  plt.figure(figsize=(14,10))
2  plt.plot(history.history['acc'],
3          color='b',
4          linestyle='-',
5          linewidth=3,
6          path_effects=[path_effects.SimpleLineShadow(),
7                        path_effects.Normal()])
```

[†1]　https://ipafont.ipa.go.jp/old/ipaexfont/fontspec.html

```
 8  plt.plot(history.history['val_acc'],
 9           color='r',
10           linestyle='--',
11           linewidth=3,
12           path_effects=[path_effects.SimpleLineShadow(),
13                         path_effects.Normal()])
14
15  plt.tick_params(labelsize=18)
16
17  plt.title('エポック-精度グラフ(MNIST_MLP)',fontsize=30,font_properties=fp2)
18  plt.ylabel('精度',fontsize=25, font_properties=fp2)
19  plt.xlabel('エポック',fontsize=25, font_properties=fp2)
20  plt.legend(['訓練', 'テスト'], loc='best', fontsize=25, prop=fp2)
21
22  plt.savefig('pdf/EpochAcc-MNIST-MLP.pdf')
23  plt.savefig('images/EpochAcc-MNIST-MLP.jpg')
24  plt.show()
```

　結果は、図 3-2(a) のようになります。このグラフから、訓練データに関してはほぼ単調に精度が向上していることがわかります。一方、テストデータに関しては（最初の数エポックまでは精度向上が見られるものの）ほぼ精度が変わらないことがわかります。

　エポック－損失グラフは、プログラム 3-9 の 2 行目の **'acc'** を **'loss'** に変更し、8 行目の **'val_acc'** を **'val_loss'** に変更することで描画できます。結果は図 3-2(b) のようになります。

　このグラフから、訓練データに関してはほぼ単調に損失が減少していることがわ

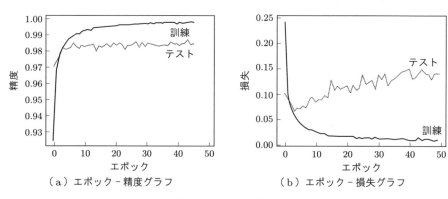

図 3-2　精度と損失の変化

かります。一方、テストデータに関しては（最初の数エポックまでは減少するものの）途中から損失が増え始め、20エポックを過ぎたころからは開始時点と同程度の損失まで戻ってしまい、その後、減少と増加の反復が始まっていることがわかります。このようなグラフになった場合、過学習が起きていると推察できます。

■ 分類結果の評価

エポックごとの精度と損失の変化は、図3-2のようなグラフで確認できます。一方、実際の分類カテゴリーと予測される分類カテゴリーがどの程度一致したかは、**混合行列** (confusion matrix) からわかります。混合行列はプログラム3-10のように作成できます。

プログラム 3-10　混合行列の計算 (MNIST ⑩)

```
1  from sklearn.metrics import classification_report,confusion_matrix
2  import numpy as np
3  y_pred = model.predict(x_test)
4  y_pred_classes = np.argmax(y_pred, axis=1)
5  y_real_classes = np.argmax(y_test, axis=1)
6  cm = confusion_matrix(y_pred_classes, y_real_classes)
```

3行目では、予測クラスを計算しています。4〜5行目では、実際のクラスを設定しています。6行目で、scikit-learnパッケージにある関数を利用して混合行列を計算しています。

次に、プログラム3-11で混合行列を表示します。

プログラム 3-11　混合行列の表示 (MNIST ⑪)

```
1  import matplotlib.pyplot as plt
2  from matplotlib import pylab
3  import itertools
4  def plot_confusion_matrix(cm, classes, normalize=False,
5                            title='混合行列', cmap=plt.cm.Oranges):
6
7      plt.figure(figsize=(14,10))
8      plt.imshow(cm, interpolation='nearest', cmap=cmap)
9      plt.title(title,fontsize=25)
10     cb = plt.colorbar()
11     cb.ax.tick_params(labelsize=15)
12     tick_marks = np.arange(len(classes))
```

```
13   plt.xticks(tick_marks, classes, rotation=45,fontsize=15)
14   plt.yticks(tick_marks, classes, fontsize=15)
15
16   if normalize:
17       cm = cm.astype('float') / cm.sum(axis=1)[:, np.newaxis]
18       print("正規化混合行列")
19   else:
20       print("非正規化混合行列")
21
22   thresh = cm.max() / 2.
23   for i, j in itertools.product(range(cm.shape[0]), range(cm.shape[1])):
24       plt.text(j, i, cm[i, j],
25               horizontalalignment="center", fontsize=15,
26               color="white" if cm[i, j] > thresh else "black")
27
28   plt.tight_layout()
29   plt.xlabel('真値',fontsize=25,font_properties=fp2)
30   plt.ylabel('予測値',fontsize=25,font_properties=fp2)
```

プログラム 3-12 で、プログラム 3-11 で定義した関数 plot_confusion_matrix を呼び出して表示します。

プログラム 3-12　混合行列の呼び出し (MNIST ⑫)

```
1   classes = ['0', '1', '2', '3', '4', '5', '6', '7', '8', '9']
2   plot_confusion_matrix(cm, classes=classes, title='MNIST-MLP')
3   plt.show()
```

結果は図 3-3 のようになります。対角線に並ぶ数値が正確に予測できた数を表し、それ以外の数値が間違って予測した数を表します。これらの混合表から、ほとんど予測は成功しているものの、数字 4 に関しては、10 回も数字 9 と予測していることがわかります。

最後に、プログラム 3-13 のように、model.evaluate 関数を用いてテストデータでの分類評価の計算をします。

プログラム 3-13　テストデータでの分類評価の計算 (MNIST ⑬)

```
1   scores = model.evaluate(x_test, y_test, verbose=0)
2   print("テストデータの損失_=_%.4f" % scores[0])
3   print("テストデータの精度_=_%.4f" % scores[1])
```

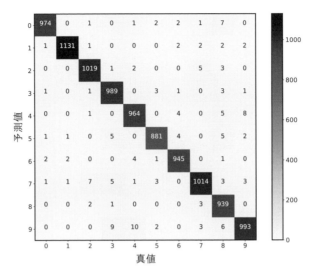

図 3-3　MLP の混合行列

結果は以下のようになります。

```
テストデータの損失 = 0.1423
テストデータの精度 = 0.9843
```

3.1.3　畳込み型の場合

前項では、全結合層の組合わせである多層パーセプトロンでの MNIST データの分類例を述べました。1.1 節で述べたように、全結合型に次ぐ代表的なニューラルネットワークとして、畳込み型がありました。そこでこの項では、畳込み型ニューラルネットワークでの MNIST データの分類例を述べます。

■ 畳込み型ニューラルネットワークの構築

プログラム 3-14 で、Functional API を用いて畳込み型ニューラルネットワークを構築します。

プログラム 3-14　CNN の構築 (MNIST ⑭)

```
1  from keras.models import Model
2  from keras.layers import Dense, Dropout, Flatten, Input
3  from keras.layers import Conv2D, MaxPooling2D
```

38 第 3 章 実践編①：フレームワークを動かしてみる

```
 4
 5  num_classes = 10
 6  # ワンホットベクトルに変換
 7  y_train = keras.utils.to_categorical(y_train, num_classes)
 8  y_test = keras.utils.to_categorical(y_test, num_classes)
 9  # ニューラルネットワークのモデル定義
10  inputs = Input(shape=input_shape)
11  x = Conv2D(32, kernel_size=(3, 3),activation='relu') (inputs)
12  x = Conv2D(64, (3, 3), activation='relu') (x)
13  x = MaxPooling2D(pool_size=(2, 2)) (x)
14  x = Dropout(0.25) (x)
15  x = Flatten() (x)
16  x = Dense(128, activation='relu') (x)
17  x = Dropout(0.5) (x)
18  outputs = Dense(num_classes, activation='softmax')(x)
19
20  model = Model(inputs=[inputs], outputs=[outputs])
21  model.summary()
22
23  model.compile(loss=keras.losses.categorical_crossentropy,
24                optimizer=keras.optimizers.Adadelta(),
25                metrics=['accuracy'])
```

　11 行目末尾の (inputs) は、入力テンソルを受け取るという意味です。このように、Functional API では呼び出す関数やクラスの末尾にテンソルをつけ、層の演算（ここでは畳込み）を適用して、結果としてテンソル変数に返すという書き方を採用しています（2.2.2 項参照）。

　プログラム 3-14 を実行すると、以下の出力が得られます。

```
Layer (type)                 Output Shape              Param #
=================================================================
input_1 (InputLayer)         (None, 28, 28, 1)         0
_____
conv2d_1 (Conv2D)            (None, 26, 26, 32)        320
_____
conv2d_2 (Conv2D)            (None, 24, 24, 64)        18496
_____
max_pooling2d_1 (MaxPooling2 (None, 12, 12, 64)        0
_____
dropout_1 (Dropout)          (None, 12, 12, 64)        0
_____
```

flatten_1 (Flatten)	(None, 9216)	0
dense_1 (Dense)	(None, 128)	1179776
dropout_2 (Dropout)	(None, 128)	0
dense_2 (Dense)	(None, 10)	1290

```
=================================================================
Total params: 1,199,882
Trainable params: 1,199,882
Non-trainable params: 0
```

多層パーセプトロン（プログラム 3-5）では 66 万程度の重みパラメータでしたが、畳込み層では約 2 倍の 120 万近い重みパラメータがあることがわかります。このうち畳込み層には約 19000 個の重みパラメータしかなく、その後ろにある全結合層に大半の重みパラメータが集中していることがわかります。これは、全結合層の直前（Flatten 層）でデータサイズが 9216 次元となっているためです。

■ 畳込み型ニューラルネットワークの構造を表示

畳込み型ニューラルネットワークを Graphviz[1] で表示したのが図 3-4 です。畳込み層の導入により、(None,28,28,1) というシェープで入力されたデータが二つ目の Conv2D 層のあとも 4 次元のテンソルのままであることがわかります。Flatten 層で 4 次元のテンソルが 2 次元のテンソルに変換されていることがわかります。

■ 畳込み型ニューラルネットワークの訓練開始

多層パーセプトロンの実行で用いたプログラム 3-6 を、畳込み型ニューラルネットワークを定義したプログラム 3-14 に対して実行すると、以下のようなエポックごとの精度と誤差が出力されます。結果は一部だけ表示しています。多層パーセプトロンの場合よりも、1 エポックあたりの時間はわずかに長い[2]のですが、精度がよいことがわかります。

```
Train on 60000 samples, validate on 10000 samples
Epoch 1/50
```

---

[1] https://www.graphviz.org/
[2] ただし、これは付録 D にあるような環境で GPU を使った場合です。GPU を使わなければ、10 倍以上かかることがあります。

第 3 章　実践編①：フレームワークを動かしてみる

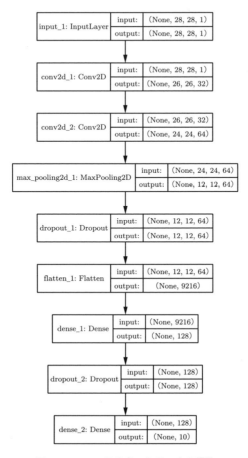

図 3-4　ニューラルネットワークの構造

```
60000/60000 [=] - 8s 140us/step - loss: 0.2678 - acc: 0.9161 - val_loss: 0.0588
- val_acc: 0.9807
Epoch 2/50
60000/60000 [=] - 4s 71us/step - loss: 0.0892 - acc: 0.9731 - val_loss: 0.0395
- val_acc: 0.9872
Epoch 3/50
60000/60000 [=] - 4s 72us/step - loss: 0.0667 - acc: 0.9806 - val_loss: 0.0340
- val_acc: 0.9882
……
Epoch 48/50
60000/60000 [=] - 4s 69us/step - loss: 0.0122 - acc: 0.9962 - val_loss: 0.0343
- val_acc: 0.9929
Epoch 49/50
```

```
60000/60000 [=] - 4s 69us/step - loss: 0.0130 - acc: 0.9961 - val_loss: 0.0324
- val_acc: 0.9923
Epoch 50/50
60000/60000 [=] - 4s 69us/step - loss: 0.0130 - acc: 0.9959 - val_loss: 0.0337
- val_acc: 0.9935
```

■ グラフの描画

プログラム 3-9 と同様に、エポック–精度グラフとエポック–損失グラフを描画すると、図 3-5 のようになります。

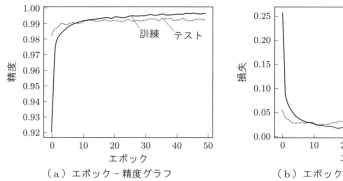

(a) エポック–精度グラフ　　　　　　(b) エポック–損失グラフ

図 3-5　精度と損失の変化

図 3-2 で示した多層パーセプトロンの場合に、過学習によって引き起こされていたテストデータのグラフのばらつきが消えていることがわかります。このことから、MNIST データの分類では、畳込みを用いたほうがずっとよい結果が得られていると考えられます。

プログラム 3-13 と同様に、テストデータでの分類評価を計算すると、以下のようになります。多層パーセプトロンの場合に比べて損失は減り、精度は向上していることがわかります。

```
テストデータの損失 = 0.0292
テストデータの精度 = 0.9923
```

3.2 カラー画像の分類

　MNISTの手書き画像は白黒画像でしたので、もう少し複雑な画像にも挑戦してみます。

　この節で扱うCIFAR10[†1]（シーファー10やサイファー10とよばれています）は、トロント大学で提供されているカラー画像のデータセットです（図3-6）。各画像の解像度は32 × 32と低いものの、`Airplane`（飛行機）、`Bird`（鳥）など10種類のラベルがついていて、画像数も比較的大量にあります。MNISTと同様、Kerasではこちらのデータも `keras.data` パッケージで準備されています。

図3-6　CIFAR10の画像（抜粋、巻頭のカラー口絵も参照）

---

†1　https://www.cs.toronto.edu/~kriz/cifar.html

3.2.1 データの準備

まず、MNIST のときと同様に、プログラム 3-15 で import 文などの宣言をしておきます。

プログラム 3-15　import 文などの宣言 (CIFAR10 ①)

```
1  import numpy as np
2  import sys
3  import keras
4  from keras.datasets import cifar10
5  from keras.models import Sequential
6  from keras.layers import Dense, Dropout, Activation, Flatten
7  from keras.layers import Conv2D, MaxPooling2D
8  from keras import backend as K
```

プログラム 3-16 で、CIFAR10 のデータのロードと、バッチサイズ、クラス数、エポック数などの変数を設定します。データのロードは、1 行目の **cifar10** モジュールの **load_data** 関数で行います。もし、システム内に CIFAR10 データがまだ取り込まれていない場合、ここでダウンロードされます。

プログラム 3-16　データのロードと変数の設定 (CIFAR10 ②)

```
1  (x_train, y_train), (x_test, y_test) = cifar10.load_data()
2
3  # バッチサイズ、クラス数、エポック数
4  batch_size = 64
5  num_classes = 10
6  epochs = 100
7
8  # ワンホットベクトルの生成
9  y_train = keras.utils.to_categorical(y_train, num_classes)
10 y_test = keras.utils.to_categorical(y_test, num_classes)
11
12 # 訓練データとテストデータのシェープを表示
13 print("訓練画像データのシェープ：",x_train.shape)
14 print("テスト画像データのシェープ：",x_test.shape)
15 print("訓練ラベルデータのシェープ：",y_train.shape)
16 print("テストラベルデータのシェープ：",y_test.shape)
```

44 第 3 章 実践編① : フレームワークを動かしてみる

この部分を実行した結果は、以下のようになります。入力データ (32,32,3) か
ら、チャネル数が 3 (RGB の 3 色) あることが確認できます。

```
訓練画像データのシェープ: (50000, 32, 32, 3)
テスト画像データのシェープ: (10000, 32, 32, 3)
訓練ラベルデータのシェープ: (50000, 10)
テストラベルデータのシェープ: (10000, 10)
```

3.2.2 ニューラルネットワークの構築

次に、プログラム 3-17 に示すように、Sequential モデルで 4 層の 2 次元畳込み
層と 2 層の全結合層からなるニューラルネットワークを構築します[†1]。

```
プログラム 3-17   CNN の構築 (CIFAR10 ③)
```

```python
 1  input_shape = x_train.shape[1:]
 2  print('入力シェープ = ', input_shape)
 3  model = Sequential()
 4  model.add(Conv2D(32, (3,3), activation='relu', padding='same',
 5                   input_shape=input_shape))
 6  model.add(Conv2D(32, (3,3), activation='relu', padding='same'))
 7  model.add(MaxPooling2D(pool_size=(2, 2)))
 8  model.add(Dropout(0.25))
 9
10  model.add(Conv2D(64, (3,3), activation='relu', padding='same'))
11  model.add(Conv2D(64, (3,3), activation='relu'))
12  model.add(MaxPooling2D(pool_size=(2, 2)))
13  model.add(Dropout(0.25))
14
15  model.add(Flatten())
16  model.add(Dense(512, activation='relu'))
17  model.add(Dropout(0.5))
18  model.add(Dense(num_classes, activation='softmax'))
19
20  model.summary()
```

実行すると、以下のような結果が出力されます。

---

†1 A. Gulli らのコード [1] を参考にしています。

入力シェープ = (32,32,3)

```
Layer (type)                     Output Shape          Param #
=================================================================
conv2d_1 (Conv2D)                (None, 32, 32, 32)     896

conv2d_2 (Conv2D)                (None, 32, 32, 32)     9248

max_pooling2d_1 (MaxPooling2     (None, 16, 16, 32)     0

dropout_1 (Dropout)              (None, 16, 16, 32)     0

conv2d_3 (Conv2D)                (None, 16, 16, 64)     18496

conv2d_4 (Conv2D)                (None, 14, 14, 64)     36928

max_pooling2d_2 (MaxPooling2     (None, 7, 7, 64)       0

dropout_2 (Dropout)              (None, 7, 7, 64)       0

flatten_1 (Flatten)              (None, 3136)           0

dense_1 (Dense)                  (None, 512)            1606144

dropout_3 (Dropout)              (None, 512)            0

dense_2 (Dense)                  (None, 10)             5130
=================================================================
Total params: 1,676,842
Trainable params: 1,676,842
Non-trainable params: 0
```

　ニューラルネットワークの重みパラメータ総数が 167 万程度であることがわかり
ます。チャネル数や畳込み層の数の違いから、MNIST を畳込みで処理した場合よ
りやや多くなっています。

3.2.3　コンパイルと訓練

　プログラム 3-18 のように、コンパイルと訓練を実行します。

46 第 3 章 実践編①：フレームワークを動かしてみる

プログラム 3-18　コンパイルと訓練 (CIFAR10 ④)

```
1  # 最適化手法は RMSprop
2  opt = keras.optimizers.rmsprop(lr=0.0001, decay=1e-6)
3  # 損失関数はカテゴリカル・クロスエントロピー
4  model.compile(loss='categorical_crossentropy',
5                optimizer=opt,  metrics=['accuracy'])
6  # データの実数化と正規化
7  x_train = x_train.astype('float32')
8  x_test = x_test.astype('float32')
9  x_train /= 255
10 x_test /= 255
11 # コールバックの定義
12 fpath = 'h5/w-{epoch:02d}-{loss:.2f}-{acc:.2f}-{val_loss:.2f}-{val_acc:.2f}.
          hdf5'
13 callbacks_list = [
14     # 5エポック以上改善がなければストップ
15     keras.callbacks.EarlyStopping( monitor='loss',patience=5 ),
16     # バリデーションの精度がよければHDF5 ファイルで保存
17     keras.callbacks.ModelCheckpoint(fpath, monitor='val_acc', save_best_only=
          True),
18 ]
19 # fit 関数の定義
20 history = model.fit (x_train, y_train,
21                      batch_size=batch_size,
22                      epochs=epochs,
23                      callbacks=callbacks_list,
24                      validation_data=(x_test, y_test))
```

　ここでは、新たに**コールバック** (callback) 機能を導入しています。コールバックは、あるイベントが発生したとき、実行される関数のことです。ここでは、二つのコールバック関数を定義しています。15 行目で指定する一つ目のコールバックである `keras.callbacks.EarlyStopping` は、パラメータにある損失 (`loss`) をモニターし、`patience=5` オプションにより、5 回続けて損失値が下がらなければ、そこでエポックの反復をストップするという関数です。17 行目で指定する二つ目のコールバックである `keras.callbacks.ModelCheckpoint` は、パラメータで指定されたファイルパスにあるファイルに、モニターしている精度 (`val_acc`) の値が改善された場合にのみ、これまで訓練したネットワークの重みを HDF5 形式で書き出す関数です。

プログラム 3-18 を実行すると、以下のような結果が出力されます。一部だけ表示しています。

```
Train on 50000 samples, validate on 10000 samples
Epoch 1/100
50000/50000 [=] - 11s 219us/step - loss: 1.8858 - acc: 0.3137 - val_loss: 1.6141
- val_acc: 0.4309
Epoch 2/100
50000/50000 [=] - 9s 184us/step - loss: 1.5746 - acc: 0.4289 - val_loss: 1.5203
- val_acc: 0.4664
Epoch 3/100
50000/50000 [=] - 9s 187us/step - loss: 1.4367 - acc: 0.4823 - val_loss: 1.3233
- val_acc: 0.5301
......
Epoch 66/100
60000/60000 [=] - 8s 164us/step - loss: 0.5561 - acc: 0.8163 - val_loss: 0.6838
- val_acc: 0.7847
Epoch 67/100
60000/60000 [=] - 8s 166us/step - loss: 0.5544 - acc: 0.8172 - val_loss: 0.6544
- val_acc: 0.7848
```

3.2.4　実行結果の評価

　ここでは 67 エポックでテストデータの精度が 78% 程度になっていることに注意ください[1]。MNIST では 99% 程度の精度が出ていたので低いように感じるかもしれませんが、CIFAR10 は画像サイズがとても小さく、カエル、猫、犬の一部の画像には人間が見ても見間違いそうな画像がたくさんあることから、これでもかなり高い精度といえます。

　EarlyStopping で指定したコールバックのため、最大エポック数の 100 に到達する前に訓練が終了しています。なお、ニューラルネットワークの重みの初期値には乱数が使用されるため、実行するたびに、コールバックで止まるエポック位置が変わったり、最大エポック数まで反復されたりする場合があります。

　MNIST の場合と同様に、エポック – 精度グラフとエポック – 損失グラフを描画すると、図 3-7 のようになります。テストデータは、精度も損失もおおよそ訓練データに近く高性能である一方で、若干のふらつきがあり、わずかに過学習が起こって

---

[1]　場合によっては、EarlyStopping が発生せず 100 回のエポックが実行されることもあります。

いるものと考えられます。

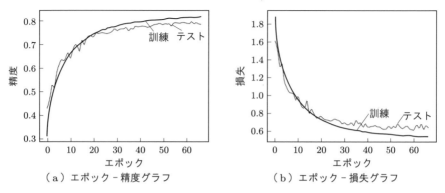

（a）エポック‐精度グラフ　　　　　　（b）エポック‐損失グラフ

図 3-7　精度と損失の変化

3.3 Twitter データの感情解析

画像データだけでなくテキストデータに対してもディープラーニングを実行することができます。テキストデータは画像データと異なり、文字が 1 次元的に並んでいるデータのため、画像のように横方向、縦方向の概念が容易に定義できるわけではありません。とはいえ、インターネット上には大量のテキストデータがありますので、テキストデータを収集して、ディープラーニングを使ってみたくなるのは自然なことです。実際、従来テキストデータ処理に機械学習を使っていた研究分野でも、最近、急速にディープラーニングが導入され、高精度化が模索されています[†1]。

この節では、国際コンテスト SemEval-2016 Task 4[2] で提供された Twitter データをもとに、感情解析（ポジティブ、ネガティブ、ニュートラルの 3 値分類）を行います。

3.3.1 データの概要

データは以下の表 3-1 に示す通りです。訓練データがテストデータより多いというのが機械学習では常識になっていますが、この国際コンテストのデータでは事情が逆転していて、訓練データよりもテストデータのほうが多くなっています[†2]。また、データには訓練データとテストデータのほかに、開発データ[†3] (development data) が用意されています。

Twitter でつぶやかれる文書単位はツイート (tweet) とよばれます。ツイートは、

表 3-1　使用する Twitter データの種類と数

データの種類	データ数
訓練データ	6000
テストデータ	20632
開発データ	1999

[†1] ACL (https://www.aclweb.org/portal/) に代表される自然言語処理の国際会議では、ディープラーニングを使った研究が大勢を占める状況に急変しています。

[†2] Twitter の規約により、ツイート事例を示すことはできませんが、ツイートデータは http://alt.qcri.org/semeval2016/task4/index.php?id=data-and-tools からダウンロードし Twitter API を通して利用できます。ただし、その際、https://github.com/seirasto/twitter_download に示す手順にあるように、各自の Twitter ID でブラウザにログインしておく必要があります。

[†3] バリデーションデータとほぼ同義です。

50 第3章 実践編①：フレームワークを動かしてみる

いまでこそ 280 文字程度まで拡張されましたが、元来 140 文字と短く、独自の用語、略語、俗語、（#で始まる）ハッシュタグ、（@で始まる）ユーザ名、絵文字など、普通の文章とはかけはなれた表現が多く観察されます。実際の国際コンテストでは、ツイートのこのような特性を踏まえたうえで、前処理やデータの増強（データオーグメンテーション）などを行ってから、機械学習やディープラーニングを適用するのが通例ですが、この章はフレームワークを動かしてディープラーニングを体感することが目的ですから、最小限の前処理だけを行います。

Python のパッケージとしては、Keras のほかに、gensim[†1] と NLTK[†2] を利用します。ここでは、大量の Google News で学習された 300 次元の Word2Vec[†3] を gensim のパッケージから利用します。

プログラム 3-19 のように、表 3-1 で述べた Twitter データのファイル名、分散表現のベクトルの次元数など、あとのセルプログラムで用いる定数を定義します。

プログラム 3-19 ファイル名と定数の定義 (Twitter ①)

```
 1  # 分散表現モデル
 2  WORD2VEC = "~/data/Google/GoogleNews-vectors-negative300.bin.gz"
 3  # Twitter データのファイル名
 4  INPUT_FILE_TRAIN = "Twitter2016-train.txt"
 5  INPUT_FILE_TEST  = "Twitter2016-test.txt"
 6  INPUT_FILE_DEV   = "Twitter2016-dev.txt"
 7  # 最大語彙サイズ
 8  VOCAB_SIZE = 25000
 9  # Google News で学習された 300 次元の分散表現のベクトルの次元数
10  EMBED_SIZE = 300
```

[†1] gensim は、テキストデータ（文章）を単語分割したり、分散表現（単語のベクトル表現）を適用したりするために使います。https://radimrehurek.com/gensim/

[†2] NLTK (natural language toolkit) は、文字通り、自然言語処理を行うためのさまざまな関数やコーパス（辞書）からなる Python のパッケージです。https://www.nltk.org/

[†3] Google 社の T. Mikolov らは、ある特定の単語の前後にどのような単語が現れるかを膨大な事例（大規模なニュースデータや Wikipedia の全事例など）から学習し、単語をある大きさのベクトルで表現することを試みました。最初に開発されたプログラムの名称から、この分散表現は Word2Vec とよばれるようになりました（Word は単語、Vec はベクトルの意味です）。現在では類似の表現として、GloVe、fastText、BERT などが知られています。https://code.google.com/archive/p/word2vec/からダウンロードできます。

3.3.2 データの準備

前処理として、プログラム 3-20 のように、表 3-1 にあるデータから英単語を取り出して小文字化し、Python の辞書に登録します。同時に、現れる単語の最大文字数も調べておきます。

```
プログラム 3-20　単語の登録と最大文字数の調査 (Twitter ②)

1  import collections
2  import nltk
3  import numpy as np
4  from nltk.tokenize import TweetTokenizer   # ツイート専用のトークナイザ (語彙抽出器)
5
6  print("データの読込み（1回目）:単語の最大文字数、語彙数の調査...")
7  counter = collections.Counter()
8  maxlen = 0
9  tweetToken = TweetTokenizer()
10
11 files = [INPUT_FILE_TRAIN, INPUT_FILE_DEV, INPUT_FILE_TEST]
12 for f in files:
13     fin = open(f, "r")
14     for line in fin:
15         _, sent = line.strip().split("\t")
16         words = [x.lower() for x in tweetToken.tokenize(sent)]
17         if len(words) > maxlen:
18             maxlen = len(words)
19         for word in words:
20             counter[word] += 1
21     fin.close()
22
23 print('単語の最大文字数',maxlen)
24 print('語彙数_=_ ',len(counter),' ',type(counter))
```

これを実行すると、たとえば以下のような結果が得られます。

```
データの読込み（1 回目）: 単語文字の最大長、語彙数の調査...
単語の最大長 55
語彙数 =  50898   <class 'collections.Counter'>
```

次に、プログラム 3-21 により、プログラム 3-20 で調査した単語から、頻度の多い単語だけ、単語 → インデックス、インデックス → 単語の両方向からの参照表（順引

52 | 第 3 章 実践編①：フレームワークを動かしてみる

き辞書と逆引き辞書）を作成します。ここでは、25000 単語を上限としておきます。

プログラム 3-21　順引き辞書と逆引き辞書の作成 (Twitter ③)

```
1  print("語彙生成_creating_vocabulary...")
2  VOCAB_SIZE = 25000  # Twitter 最大語彙の設定（25000 単語を上限とする）
3  word2index = collections.defaultdict(int)  # 順引き辞書の作成
4  for wid, word in enumerate(counter.most_common(VOCAB_SIZE)):  # 頻度順に並べ換え
5      word2index[word[0]] = wid + 1
6  vocab_sz = len(word2index) + 1
7  index2word = {v:k for k, v in word2index.items()}  # 逆引き辞書の作成
8  index2word[0] = "_UNK_"  # 未知語の設定
9  print("len(word2index)_=_", len(word2index))
10 print("頻度の高い上位 5 単語（または記号）")
11 for i in range(5):
12     print("頻度 No.",i,"_=_",index2word[i+1])
```

これを実行すると、たとえば

```
語彙生成 creating vocabulary...
len(word2index) =  25000
頻度の高い上位 5 単語（または記号）
頻度 No. 0  =  the
頻度 No. 1  =  "
頻度 No. 2  =  .
頻度 No. 3  =  ,
頻度 No. 4  =  to
```

のような結果が得られます。これより、単語としては "the" が最高頻度で、ダブル
クォーテーションがその次であることがわかります。このプログラムで重要なこと
は、単語からインデックスを得るための **word2index** という変数と、逆引きのため
のインデックスから単語を得るための **index2word** という変数のいずれも Python
の辞書データとして用意していることです。これらはあとで利用します。

　次に、訓練データとテストデータを、Keras でのディープラーニングに適合できる
データ形式に変換しながら作成していきます。ここでは表 3-1 のうち、訓練データ
と開発データを合わせたデータを新たに訓練データとして扱います[†1]。テストデー
タはそのまま使います。

---

†1　これでも訓練データとしては数が足りません。このような場合は、データの増強（データオーグメン
　　テーション, 5.5 節参照）をすることもあります。

3.3 Twitter データの感情解析 | 53

　プログラム 3-20 で作成した順引き辞書と逆引き辞書の中に出現する単語のインデックス列で、各ツイートを表現します。まず、このような単語のインデックス列を計算する関数をプログラム 3-22 として定義しておきます。

プログラム 3-22　単語のインデックス列を計算する関数の定義 (Twitter ④)

```python
def generate_word_sequence(xs, ys, word2index, file):
    fin = open(file, "r")
    for line in fin:
        label, sent = line.strip().split("\t")
        ys.append(int(label))
        words = [x.lower() for x in tweetToken.tokenize(sent)]
        wids = [word2index[word] for word in words]
        xs.append(wids)
    fin.close()
```

次に、訓練データとテストデータを以下のプログラム 3-23 で作成します。

プログラム 3-23　訓練データとテストデータの作成 (Twitter ⑤)

```python
print("訓練用データの単語列生成...")
xs, ys = [], []
files = [INPUT_FILE_TRAIN, INPUT_FILE_DEV]
for f in files:
    generate_word_sequence(xs, ys, word2index, f)

Xtrain = pad_sequences(xs, maxlen=maxlen)
Ytrain = np_utils.to_categorical(ys)
print("訓練データ（データ＋ラベル）")
print("Xtrain",Xtrain.dtype,"_",type(Xtrain),"_",Xtrain.shape)
print("Ytrain",Ytrain.dtype,"_",type(Ytrain),"_",Ytrain.shape)

print("テスト用データの単語列生成...")
xs, ys = [], []
generate_word_sequence(xs, ys, word2index, INPUT_FILE_TEST)

Xtest = pad_sequences(xs, maxlen=maxlen)
Ytest = np_utils.to_categorical(ys)
print("テストデータ（データ＋ラベル）")
print("Xtest",Xtest.dtype,"_",type(Xtest),"_",Xtest.shape)
print("Ytest",Ytest.dtype,"_",type(Ytest),"_",Ytest.shape)
```

54 第 3 章 実践編①：フレームワークを動かしてみる

プログラム 3-23 に出現する **pad_sequences** は、文字列に対応するインデックス列を一定の大きさに揃える**パディング** (padding) とよばれる処理を行う関数です。ここでは、ツイートの単語を一定の長さに切り詰めます。切り詰める長さを **maxlen** （ツイートで見つかった最大長）としていますので、パディングを行うと、ほとんどの場合シーケンス（列）は長くなります。このとき、もともと短かったシーケンスは、何らかの値で長くなった部分を埋める必要があります。デフォルトでは値 0.0 を挿入します。これは**ゼロパディング**とよばれます。

プログラム 3-23 を実行すると、

```
訓練用データの単語列生成...
訓練データ（データ+ラベル）
Xtrain int32 <class 'numpy.ndarray'> (7999, 55)
Ytrain float64 <class 'numpy.ndarray'> (7999, 3)
テスト用データの単語列生成...
テストデータ（データ+ラベル）
Xtest int32 <class 'numpy.ndarray'> (20632, 55)
Ytest float64 <class 'numpy.ndarray'> (20632, 3)
```

のような結果が得られます。インデックス化されたツイートは整数値 (**int32**) ですが、ワンホットベクトルに変換されたラベルは実数値 (**float64**) であることがわかります。

パディングの様子を以下のコードで表示してみます。

```
print(Xtrain[0,:]);print()
print(Ytrain[0,:]);print()
print(Xtest[0,:]); print()
print(Ytest[0,:])
```

実行すると、

```
[    0     0     0     0     0     0     0     0     0     0     0     0
     0     0     0     0     0     0     0     0     0     0     0     0
     0     0     0     0     0     0     0     0     0     0     0     0
     0  1252   796     1     0    14   762    13   156     9    40     4
    28    83 20280   960    20   323     3]
[1. 0. 0.]
[    0     0     0     0     0     0     0     0     0     0     0     0
     0     0     0     0     0     0     0     0     0     0     0     0
     2     0     4  2178 23891     4    48  2997 13880    23     1     0
    32  1122  1502   374    13    74   585 10020     3   101     1  1535
```

```
   10  556  557   32  281   17    2]
[0. 1. 0.]
```

となります。パディングの結果、先頭に 0 が詰められていることがわかります。

次に、プログラム 3-24 のように Word2Vec をロードします。Word2Vec モデル
のファイルサイズがかなり大きいため、ロードには通常数分程度かかります。

プログラム 3-24　Word2Vec のロードと重みの設定 (Twitter ⑥)

```
1  from gensim.models import KeyedVectors
2
3  word2vec = KeyedVectors.load_word2vec_format(WORD2VEC, binary=True)
4  embedding_weights = np.zeros((vocab_sz, EMBED_SIZE))
5  for word, index in word2index.items():
6      try:
7          embedding_weights[index, :] = word2vec[word]  # プログラム 3-25の7行目で
               利用
8      except KeyError:
9          pass
```

プログラム 3-24 では、gensim パッケージに含まれる **KeyedVectors** クラスの
load_word2vec_format 関数を呼び出しています。これは、Word2Vec で扱う形
式のファイルをロードし、Python の辞書データ形式に変換する関数です。7 行目
で、単語のインデックス位置に、各単語の 300 次元で表現された実数ベクトルが代
入されます。これで前処理は終わりです。

3.3.3　ニューラルネットワークの構築と訓練

プログラム 3-25 のようにニューラルネットワークを構築します。

プログラム 3-25　CuDNNLSTM の構築 (Twitter ⑦)

```
1  NB_CLASSES = 3  # Positive/Negative/Neutralの3クラス
2  NB_INPUTS = maxlen
3  NB_HIDDEN = 256
4  DROP_OUT = 0.4
5
6  inputs = Input((NB_INPUTS,))
7  x = Embedding(vocab_sz, EMBED_SIZE,
```

```
 8                    weights=[embedding_weights],
 9                    trainable=True)(inputs)
10  x = SpatialDropout1D(DROP_OUT)(x)
11  x = Bidirectional(CuDNNLSTM(NB_HIDDEN))(x)
12  x = BatchNormalization()(x)
13  outputs = Dense(NB_CLASSES, activation="softmax")(x)
14
15  model = Model(inputs=[inputs], outputs=[outputs])
16
17  model.summary()
```

ここで注意すべき点が三つあります。一つ目の注意点は、最初に定義する層をEmbedding層とし、この層で、Word2Vecでの分散表現をネットワークの初期重みとして利用している点です。Embedding層の中にあるパラメータ `weights=[embedding_weights]` が初期重みの役目を担っています。テキストデータ処理におけるEmbedding層の役目は、図3-8のようになります。Embedding層の別のパラメータ `trainable = True` は、上記の重み `weights` が訓練の過程で変更を許すという意味です。

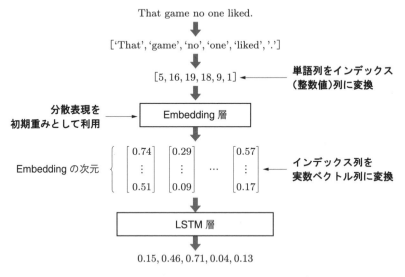

図 3-8　テキスト処理での Embedding 層の役割[†1]

[†1] ここでは LSTM 層（CuDNNLSTM 層）に Embedding 層を適用していますが、ほかのタイプの層に対しても適用できます。

二つ目の注意点は、11 行目でシンプルな LSTM ではなく、CuDNNLSTM を用いている点です。これは、Keras のバックエンドが TensorFlow のときのみ利用できる、LSTM の高速版です。GPU メモリなど Cuda と cuDNN がインストールされていることが前提となりますが、単純な LSTM より 10 倍近く速く計算できるように感じられる場合があります。ただし、通常の LSTM にしか許されないパラメータ（recurrent_dropout[†1]など）や処理（マスキング[†2]など）もありますので、時と場合に応じて使い分けるのが大切です。

三つ目の注意点は、10 行目にあるドロップアウト関数 SpatialDropout1D(0.4) です。これは通常のように単語個々のデータをドロップアウトするのではなく、処理単位である 1 文あたりのデータをごっそりドロップアウトする関数です。Embedding 層のあとに適用すると効果的であることが知られています。

なお、11 行目にある Bidirectional は双方向の意味で、各ツイートの単語（のインデックス列）を先頭方向だけでなく末尾方向からも処理するという意味です。

プログラム 3-25 を実行すると、

```
Layer (type)                     Output Shape              Param #
=================================================================
input_6 (InputLayer)             (None, 55)                0

embedding_6 (Embedding)          (None, 55, 300)           7500300

spatial_dropout1d_6 (Spatial     (None, 55, 300)           0

bidirectional_6 (Bidirection     (None, 512)               1142784

dense_6 (Dense)                  (None, 3)                 1539
=================================================================
Total params: 8,644,623
Trainable params: 8,644,623
Non-trainable params: 0
```

のような結果が得られます。重みパラメータが 860 万以上あることがわかり、LSTM (CuDNNLSTM) 部分にも 110 万以上の重みパラメータがあります。この数は、

[†1] ドロップアウトを一定にするパラメータ。
[†2] 可変長の時系列データとして扱うための処理。

58 第 3 章 実践編①：フレームワークを動かしてみる

LSTM への入力データ次元数と出力次元数に依存し、この程度の数があれば、CuD-
NNLSTM の威力が発揮されます。

　プログラム 3-26 で訓練を実行します。プログラムの後半では、実行結果をいくつ
かのファイル形式[†1]に保存しています。

プログラム 3-26　CuDNNLSTM の訓練開始 (Twitter ⑧)

```
 1  model.compile(optimizer="adadelta",
 2                loss="categorical_crossentropy",
 3                metrics=["accuracy"])
 4
 5  NUM_EPOCHS = 10
 6  BATCH_SIZE = 64
 7
 8  history = model.fit(Xtrain, Ytrain,
 9                      batch_size=BATCH_SIZE,
10                      epochs=NUM_EPOCHS,
11                      validation_data=(Xtest, Ytest))
12
13  # HDF5 形式で保存
14  model.save("Twitter-LSTM.h5")
15  model.save_weights('Twitter-LSTM-weights.h5')
16
17  # Pickle形式で保存
18  import pickle
19  with open('Twitter-LSTM.pkl', 'wb') as h_file:
20      pickle.dump(history.history, h_file)
21
22  # JSON形式で保存
23  json_str = model.to_json()
24  open('Twitter-LSTM.json','w').write(json_str)
```

　これを実行すると、

```
Train on 7999 samples, validate on 20632 samples
Epoch 1/10
7999/7999  [=]- 5s 681us/step - loss: 0.9757 - acc: 0.5061 - val_loss: 0.9191
- val_acc: 0.5162
Epoch 2/10
7999/7999  [=] - 4s 445us/step - loss: 0.8922 - acc: 0.5702 - val_loss: 0.9816
```

---

†1　保存するデータ形式の詳細は付録 A 参照。

```
- val_acc: 0.4690
Epoch 3/10
7999/7999 [=] - 4s 461us/step - loss: 0.8453 - acc: 0.5952 - val_loss: 0.8712
- val_acc: 0.5594
Epoch 4/10
7999/7999 [=]- 3s 437us/step - loss: 0.8190 - acc: 0.6091 - val_loss: 0.8328
- val_acc: 0.5987
Epoch 5/10
7999/7999 [=] - 3s 427us/step - loss: 0.7911 - acc: 0.6311 - val_loss: 0.8488
- val_acc: 0.5858
Epoch 6/10
7999/7999 [=] - 3s 434us/step - loss: 0.7675 - acc: 0.6523 - val_loss: 0.8781
- val_acc: 0.5592
Epoch 7/10
7999/7999 [=] - 4s 438us/step - loss: 0.7361 - acc: 0.6693 - val_loss: 0.8406
- val_acc: 0.5887
Epoch 8/10
7999/7999 [=]- 3s 423us/step - loss: 0.7178 - acc: 0.6723 - val_loss: 0.9163
- val_acc: 0.5485
Epoch 9/10
7999/7999 [=] - 4s 438us/step - loss: 0.6900 - acc: 0.6987 - val_loss: 0.8875
- val_acc: 0.5620
Epoch 10/10
7999/7999 [=]- 3s 429us/step - loss: 0.6669 - acc: 0.7105 - val_loss: 0.8534
- val_acc: 0.5886
```

のような結果が得られます。1エポックが4秒程度で終わっていることに注目してください。このくらい高速にLSTMが動作するのであれば、各種ハイパーパラメータのチューニングを反復するには好適といえます。

なお、ここでは10エポックだけ反復させています。今回の訓練データとテストデータの比率のアンバランスさから、エポックを重ねすぎると過学習が起こることが考えられるため、短いエポックで止めています。

エポック–精度グラフを描画すると（プログラム3-9参照）、結果は図3-9(a)のようになります。エポック–損失グラフもほぼ同様のプログラムで生成できます（図3-9(b)）。

プログラム3-25がチューニングされたものであることを確認しましょう。CuD-NNLSTMをシンプルなLSTMにすると、10回のエポックは以下のようになります。

第 3 章 実践編①：フレームワークを動かしてみる

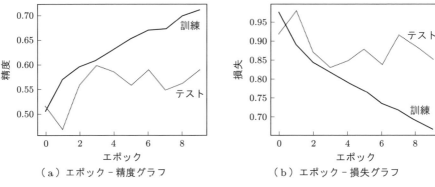

（a）エポック-精度グラフ　　　　（b）エポック-損失グラフ

図 3-9　精度と損失の変化

```
Train on 7999 samples, validate on 20632 samples
Epoch 1/10
7999/7999 [=] - 39s 5ms/step - loss: 0.9741 - acc: 0.5133 - val_loss: 1.0033
- val_acc: 0.4238
Epoch 2/10
7999/7999 [=] - 38s 5ms/step - loss: 0.8905 - acc: 0.5691 - val_loss: 0.9212
- val_acc: 0.5049
Epoch 3/10
7999/7999 [=] - 38s 5ms/step - loss: 0.8554 - acc: 0.5941 - val_loss: 0.9477
- val_acc: 0.4735
Epoch 4/10
7999/7999 [=] - 38s 5ms/step - loss: 0.8154 - acc: 0.6156 - val_loss: 0.8720
- val_acc: 0.5569
Epoch 5/10
7999/7999 [=] - 38s 5ms/step - loss: 0.7931 - acc: 0.6293 - val_loss: 0.9877
- val_acc: 0.5063
Epoch 6/10
7999/7999 [=] - 38s 5ms/step - loss: 0.7723 - acc: 0.6497 - val_loss: 0.9053
- val_acc: 0.5347
Epoch 7/10
7999/7999 [=] - 39s 5ms/step - loss: 0.7493 - acc: 0.6572 - val_loss: 0.8354
- val_acc: 0.5953
Epoch 8/10
7999/7999 [=] - 38s 5ms/step - loss: 0.7191 - acc: 0.6782 - val_loss: 0.8630
- val_acc: 0.5833
Epoch 9/10
7999/7999 [=] - 38s 5ms/step - loss: 0.6988 - acc: 0.6846 - val_loss: 0.8714
- val_acc: 0.5709
Epoch 10/10
```

```
7999/7999 [=] - 38s 5ms/step - loss: 0.6741 - acc: 0.7003 - val_loss: 0.8338
- val_acc: 0.5961
```

　1エポックにかかる時間が40秒近くになっており、CuDNNLSTMの場合と比べてざっと10倍近くかかっていることがわかります。

4

実践編②
一歩進んだ
ディープラーニングの技法

　入力データと正解データを与えて、中身を気にせず学習できる点にディープラーニングの便利さがあることは確かです。ですが、得られた結果の精度をさらに向上させるためには、訓練済みネットワークの重みを利用したり、一部のネットワークの構造を変えてみたりする必要が出てくるでしょう。

　この章では、ディープラーニングの精度向上を狙う際に必要になる技法について、事例をベースに紹介していきます。

64 | 第 4 章　実践編②：一歩進んだディープラーニングの技法

4.1 訓練済みニューラルネットワークを用いる ：植物画像の分類

第 3 章では、画像の分類において、6 万画像というかなり大量の訓練データでニューラルネットワークを学習させました。実際は、このような大量の訓練データを用意するのは至難の業です。そこで役立つのが、すでに訓練されているニューラルネットワークを利用することです。この節では、訓練済みの比較的層の深いニューラルネットワーク (deep neural network, DNN) である VGG16 を用いて植物画像を分類してみましょう。以降では、このニューラルネットワークから得られる特徴量を **DNN 特徴量**とよぶことにします。

4.1.1 訓練済みニューラルネットワークについて

画像分類に使える訓練済みモデルやその重みは、インターネット上に多く公開されています[†1]。

Keras からは、名前を指定するだけで、ImageNet というデータセットで訓練されたモデルを利用できます。たとえば Keras 2.2.4 では、表 4-1 に掲げるアプリケーションが利用可能です。

表 4-1　Keras 2.2.4 に用意されている訓練済みニューラルネットワーク

アプリケーション名	入力データサイズ	開発元
Xception [3]	299 × 299	Google 社 (F. Chollet)
VGG16 [4]	224 × 224	オックスフォード大学
VGG19 [4]	224 × 224	オックスフォード大学
ResNet50 [5]	224 × 224	Microsoft 社
InceptionV3 [6]	299 × 299	Google 社 (U.C. London)
InceptionResNetV2 [7]	299 × 299	Google 社 （C. Szegedy ら）
MobileNet [8]	224 × 224	Google 社
DenseNet [9]	224 × 224	コーネル大学ら
NASNet [10]	331 × 331	Google 社 （B. Zoph ら）
MobileNetV2 [11]	224 × 224	Google 社 （M.Sandler ら）

---

†1　たとえば、Keras と同じくディープラーニングのフレームワークとして有名な Caffe (https://caffe.berkeleyvision.org/) では、Model Zoo (https://caffe.berkeleyvision.org/model_zoo.html) という Web サイトに訓練済みのモデルがまとめて提供されており、そこから使いたいモデルをダウンロードして利用できます。

Kerasでは、これらのアプリケーションのモデルを指定した場合、最初にプログラムが呼び出されたとき、そのモデルがダウンロードされるように設計されています[†1]。

4.1.2 データの概要と準備

植物の画像といっても、花や葉が単独で写っている画像もあれば、植物の一部しか写っていない画像や、樹木全体が写っている画像もあります。さらに、同じ植物でも季節によって、落葉して樹幹と枝だけになる場合や、若葉が生い茂っている場合もあります。

ここでは、20種類の植物それぞれに対して80枚の画像[†2]をデータセットとします。各植物での画像を70枚の訓練画像と10枚のテスト画像にランダムに分けます。

このデータには、分類問題が挑戦的になるように、人間でも間違えそうな画像が意図的に混ぜています。具体的には、「スギ」と「ヒノキ」、「コナラ」と「クヌギ」のような「季節に限らず間違えやすい植物」が含まれています（とくに樹皮だけだと、専門家も間違えてしまいます）。訓練画像の一部を図4-1に示します。

図 4-1 分類対象の植物画像（抜粋、巻頭のカラー口絵も参照）

[†1] Ubuntu 環境では、/home/aono/.keras/models/というフォルダにそのアプリケーションで事前に訓練された HDF5 形式のモデル（ファイル）があるかどうかチェックされます。そこにない場合のみ、ダウンロードされます。

[†2] この画像は、基本的に筆者が撮影したものの長辺を 512 画素のサイズにしたものです。ただし、銀杏の 5 枚の訓練画像だけは、無料の写真サイトである Pixabay (https://pixabay.com/ja/) からダウンロードしたものが含まれています。

66 第 4 章　実践編②：一歩進んだディープラーニングの技法

　これら 20 種類の植物に分類するために、ディレクトリ内にある訓練画像とテスト画像をすべてリストするジェネレータを定義します（プログラム 4-1）。これらは、あとで特徴量を定義する際に、画像データごとに毎回呼び出します。14 行目と 21 行目の yield 文は、二つの関数がジェネレータであることを示すものです。次にジェネレータが呼び出されたときは、yield 文によって、その前に呼び出されたあとのループから実行してくれます。train_images も test_images も、return 文がなく、通常の関数でないことに注意してください。12 行目と 19 行目の glob 関数は、あるパターンのファイル名をまとめて入手し、結果をリストで返す関数です。

プログラム 4-1　画像をリストするジェネレータの定義 (Plant ①)

```
1   # 20種類の植物クラス
2   classes = [
3               'Ajisai', 'Egonoki', 'Hinoki', 'Ichou', 'Itayakaede',
4               'Keyaki', 'Konara', 'Kunugi', 'Kusunoki', 'Kuwa',
5               'Matsu', 'Mizuki', 'Nankinhaze', 'Pratanus', 'Sakura',
6               'Sazanka', 'Sennoki', 'Sugi', 'Tsutsuji', 'Yuri']
7   from glob import glob
8   import numpy as np
9   train_basedir = '/home/aono/myJupyter/Book/4/myPlantPhoto/Training'
10  def train_images():   # 訓練画像のジェネレータ
11      for (i,x) in enumerate(classes):
12          images = glob('{}/{}/*.jpg'.format(train_basedir, x))
13          for im in sorted(images):
14              yield im,i
15
16  test_basedir = '/home/aono/myJupyter/Book/4/myPlantPhoto/Testing'
17  def test_images():   # テスト画像のジェネレータ
18      for (i,x) in enumerate(classes):
19          images = glob('{}/{}/*.jpg'.format(test_basedir, x))
20          for im in sorted(images):
21              yield im,i
```

ジェネレータは、たとえば以下のようにループで呼び出します。

プログラム 4-2　ジェネレータの呼び出し (Plant ②)

```
1   flist = []
2   labels = []
3   for (im,label) in test_images():
```

```
4        flist.append(im)
5        labels.append(label)
6   print (flist[0])
7   print (labels[0])
```

これを実行すると、たとえば

```
~/myJupyter/myPlantPhoto/Testing/Ajisai/DSC00799.jpg
0
```

のような結果が得られます。最初の行は一番最初にジェネレータで得られた画像ファイル名で、次の行はその ID です。

4.1.3　基本的な処理の流れ

4.1.1 項で説明したように、訓練済みニューラルネットワークは、入力サイズや開発元によっていくつかの種類があります。ここでは、層が深すぎず、最も頻繁にアプリケーションで使用されている VGG16 を用いて分類します。

具体的な手順は以下のようになります。

1. ImageNet で訓練させたニューラルネットワークを選択する。
2. 利用者が用意した画像を入力し、選択した訓練済みニューラルネットワークの適当な層（ここでは fc2 と命名された全結合層）から出力される特徴量（fc2 層の場合は 1 次元の実数ベクトルデータ）を、DNN 特徴量として抽出する。
3. シンプルなニューラルネットワーク（ここでは 2 層の全結合型ニューラルネットワーク）を構築し、**2.** で抽出した DNN 特徴量で訓練する。
4. テスト時は訓練時と同様に、未知の植物画像 1 枚 1 枚に対応する（4096 次元の）DNN 特徴量を求め、これを **3.** のシンプルなニューラルネットワークに入力し、出力となる画像の種類を推定する。

1. 訓練済みニューラルネットワークの選択

ここでは、図 4-2 に示す VGG16 を選択します。

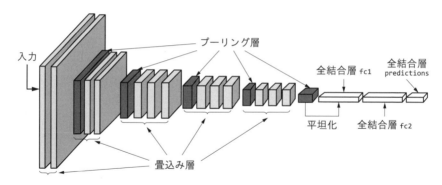

図 4-2 VGG16 のネットワーク構造

2. 訓練済みニューラルネットワークから特徴量を抽出

プログラム 4-3 のように、4096 次元のベクトルを出力する fc2 層をもった VGG16 モデル（7 行目の **pp_model**）を定義します。実行すると、VGG16 モデルの詳細を知ることができます。

プログラム 4-3　特徴量を抽出するモデルの定義 (Plant ③)

```
1  from keras.applications.vgg16 import VGG16
2  from keras.preprocessing import image
3  from keras.applications.vgg16 import preprocess_input
4  from keras.models import Model
5  import numpy as np
6  base_model = VGG16(weights='imagenet')
7  pp_model = Model(inputs=base_model.input,
8                   outputs=base_model.get_layer('fc2').output)
9  pp_model.summary()
```

結果は以下のようになります。VGG16 全体では 1 億 3 千万以上のパラメータがあることがわかります。

```
Layer (type)                 Output Shape              Param #
=================================================================
input_2 (InputLayer)         (None, 224, 224, 3)       0

block1_conv1 (Conv2D)        (None, 224, 224, 64)      1792

block1_conv2 (Conv2D)        (None, 224, 224, 64)      36928
```

4.1 訓練済みニューラルネットワークを用いる：植物画像の分類 | 69

```
block1_pool (MaxPooling2D)    (None, 112, 112, 64)     0

block2_conv1 (Conv2D)         (None, 112, 112, 128)    73856

block2_conv2 (Conv2D)         (None, 112, 112, 128)    147584

block2_pool (MaxPooling2D)    (None, 56, 56, 128)      0

block3_conv1 (Conv2D)         (None, 56, 56, 256)      295168

block3_conv2 (Conv2D)         (None, 56, 56, 256)      590080

block3_conv3 (Conv2D)         (None, 56, 56, 256)      590080

block3_pool (MaxPooling2D)    (None, 28, 28, 256)      0

block4_conv1 (Conv2D)         (None, 28, 28, 512)      1180160

block4_conv2 (Conv2D)         (None, 28, 28, 512)      2359808

block4_conv3 (Conv2D)         (None, 28, 28, 512)      2359808

block4_pool (MaxPooling2D)    (None, 14, 14, 512)      0

block5_conv1 (Conv2D)         (None, 14, 14, 512)      2359808

block5_conv2 (Conv2D)         (None, 14, 14, 512)      2359808

block5_conv3 (Conv2D)         (None, 14, 14, 512)      2359808

block5_pool (MaxPooling2D)    (None, 7, 7, 512)        0

flatten (Flatten)             (None, 25088)            0

fc1 (Dense)                   (None, 4096)             102764544

fc2 (Dense)                   (None, 4096)             16781312
=================================================================
Total params: 134,260,544
Trainable params: 134,260,544
Non-trainable params: 0
```

70 | 第 4 章 実践編②：一歩進んだディープラーニングの技法

特徴量の抽出は、プログラム 4-4 のように実装できます。最初のファイルのロードは、Keras の preprocessing クラスにある image.load_img 関数で行います。そのパラメータ target_size を 224×224 に設定しておきます。NumPy 配列への変換は、Keras の preprocessing クラスにある img_to_array 関数で行います。[−1, +1] への正規化は、preprocess_input 関数で行います。preprocess_input 関数は「配列の配列」を受け取るため、8 行目の NumPy の expand_dims 関数で「配列の配列」に変換しています。その後、プログラム 4-3 の 7 行目で定義された Keras の Model 変数である pp_model の predict 関数で fc2 層からの特徴量を抽出し、NumPy 配列に変換します。最後に、得られた特徴量を append 関数で出力リストに追加します[†1]。この一連の操作は、VGG16 以外の ImageNet で訓練させたニューラルネットワークの場合も（画像の解像度と抽出する層の位置を除けば）ほぼ同様です。これを全ファイルに対してループで反復的に処理します。最後に、14 行目の save 関数で、4096 次元の DNN 特徴量のリストを NumPy 形式のファイルとして保存しておきます。

プログラム 4-4　ニューラルネットワークから特徴量を抽出 (Plant ④)

```
1  # image_list に処理対象の画像ファイル名（ファイルパス）が入っていると仮定
2  import numpy as np
3  training_list = []
4  for i in range(len(image_list)):
5      img_path = image_list[i]
6      img = image.load_img(img_path, target_size=(224, 224))
7      x = image.img_to_array(img)
8      x = np.expand_dims(x, axis=0)
9      x = preprocess_input(x)  # 配列の配列データを受け取り [-1,1] に正規化
10     fc2_ft = pp_model.predict(x)  # fc2 層から特徴量を出力（実数ベクトル）
11     training_list.append(fc2_ft)  # 特徴量リストに追加
12 fc2_list = np.asarray(training_list)  # 特徴量リストを NumPy 配列に変換
13 fc2_training = fc2_list.reshape([len(fc2_list),4096])
14 np.save('fc2_VGG16.npy',fc2_training)  # 結果を NumPy 形式のファイルに保存
```

プログラム 4-4 と同様に、テストデータも 4096 次元の特徴量ベクトルに変換し、fc2_query200 という変数に設定しておきます。

[†1] NumPy の append 関数は、NumPy 配列の変換と要素のコピーが同時に実行されるので、対象の要素数が多い場合は、まず可変長対応のリストの append 関数を使い、それが全部終わった時点で NumPy 配列に変換するのが得策です。

3. シンプルなニューラルネットワークを構築し、2. で抽出した特徴量で訓練

プログラム 4-5 のようにシンプルなニューラルネットワークを訓練します。なお、正解クラスは、訓練データでは **train_truth** に、テストデータで **test_truth** に与えられているとします。

プログラム 4-5　抽出した特徴量でニューラルネットワークを訓練 (Plant ⑤)

```
 1  # ニューラルネットワークのモデル構築
 2  from keras.models import Sequential, Model
 3  from keras.layers import Dense, Dropout, Activation, BatchNormalization
 4  from keras.layers import Input, Lambda, Multiply, Add
 5  from keras.utils import np_utils
 6
 7  NB_CLASSES = 20
 8  NB_INPUTS = 4096
 9  NB_HIDDEN = 256
10  NB_BATCH = 128
11  NB_EPOCHS = 100
12
13  a_model = Sequential()
14  a_model.add(Dense(NB_HIDDEN,input_dim=NB_INPUTS))
15  a_model.add(Activation('relu'))
16  a_model.add(BatchNormalization())
17  a_model.add(Dense(NB_CLASSES,activation='softmax'))
18  a_compile = a_model.compile(optimizer='adam',
19                              loss='categorical_crossentropy',
20                              metrics=['accuracy'])
21  my_label = np_utils.to_categorical(train_labels, NB_CLASSES)
22  my_test_label = np_utils.to_categorical(test_labels, NB_CLASSES)
23  a_fit = a_model.fit(fc2_training, my_label,
24                      epochs=NB_EPOCHS,
25                      batch_size=NB_BATCH,
26                      validation_data=(fc2_query200, my_test_label))
27  # DNN特徴量でのモデルと重みをHDF5形式で保存
28  a_model.save('Plants-vgg-Features.h5')
29  a_model.save_weights('Plants-vgg-Features-weights.h5')
```

これを実行すると、

```
Epoch 1/100
1400/1400 [=] - 1s 664us/step - loss: 1.9597 - acc: 0.4464 - val_loss: 1.3168
- val_acc: 0.6000
```

72 | 第 4 章　実践編②：一歩進んだディープラーニングの技法

```
Epoch 2/100
1400/1400 [=] - 0s 64us/step - loss: 0.8171 - acc: 0.7693 - val_loss: 1.0018
- val_acc: 0.6800
......
Epoch 99/100
1400/1400 [=] - 0s 75us/step - loss: 3.1423e-04 - acc: 1.0000 - val_loss: 0.6109
- val_acc: 0.8500
Epoch 100/100
1400/1400 [=] - 0s 76us/step - loss: 3.0869e-04 - acc: 1.0000 - val_loss: 0.6085
- val_acc: 0.8500
```

のような結果が得られます。

4. テストデータの予測

　プログラム 4-6 のようにテストデータの予測をします。モデルの **predict_classes** 関数（3行目）はテストデータのクラスを予測し、モデルの **predict** 関数（5行目）はテストデータの各クラスへの所属確率を与えています。得られた所属確率は、8行目にあるように **save** 関数で NumPy 形式のファイルに書き出します。

プログラム 4-6　DNN 特徴量からテストデータの所属確率を計算 (Plant ⑥)

```
1  # fc2_query200にテストデータの特徴量を保持していると仮定
2  # テストデータの所属クラス ID (0-19)
3  a_pred = a_model.predict_classes(fc2_query200, batch_size=128, verbose=1)
4  # テストデータのクラスへの所属確率
5  a_pred_P = a_model.predict(fc2_query200, batch_size=128, verbose=1)
6  print(a_pred_P)
7  # テストデータのクラスへの所属確率をNumPy形式で保存
8  np.save('Plants-vgg-Feature-Prob.npy',a_pred_P)
9  # DNN特徴量で訓練したニューラルネットワークでの平均分類精度の計算
10 accuracy = a_model.evaluate(fc2_query200, my_test_label, batch_size=128,
       verbose=1)
11 print('分類精度:DNN(VGG16)_=_{:.4f}'.format(accuracy[1]))
```

　これを実行すると、たとえば

　　分類精度：DNN(VGG16) = 0.85

のような結果が得られます。ImageNet で訓練させたニューラルネットワークでも、場合によっては簡単に良好な分類精度を達成できます。植物分類精度の混合行列を

表示すると、図 4-3 のようになります。

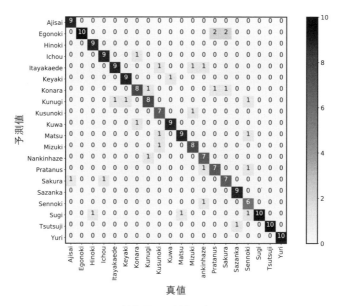

図 4-3　DNN 特徴量での植物分類精度の混合行列

74 第 4 章 実践編②：一歩進んだディープラーニングの技法

4.2 ファインチューニング：CIFAR10画像の分類

ファインチューニングとは、DNN でディープラーニングを行ったあとで、出力に近い後半の層の構造を変更して、事前の DNN の経験を再利用し、訓練時間の短縮や精度向上を狙う技術の一つです。ファインチューニングは、転移学習（4.1 節で述べた訓練済みニューラルネットワークをそのまま利用する学習手法）と似た概念です。しかし、転移学習と違って、ネットワークの構造（とくに出力に近い後半部分）を一部変更して適用します。たとえば、

- 自分が訓練したニューラルネットワークを再利用したい
- 訓練済みニューラルネットワークの重みを再利用したい

といった場合によく使われます。アプローチとしては、訓練済みの重みをそのまま使う方法（重み凍結法）と、重み自体は変更する方法（重み初期化法）の二つがあります。

ここでは、3.2 節で構築したニューラルネットワークをファインチューニングしてみます。

4.2.1 基本的な処理の流れ

ファインチューニングにはさまざまなバリエーションがありますが、基本的な処理は以下のような流れになります。

1. Functional API を用いてニューラルネットワークを構築し、データを準備する。各層に **name="名前"** オプションで名前をつけておく[†1]。
2. **1.** で構築したニューラルネットワークを訓練し、ネットワークの構造や重みをファイルに保存する。
3. **1.** で構築したニューラルネットワークの後半を変更し、追加した層に新しい名前をつけて新たなモデルとし、コンパイルしておく。
4. **3.** で構築した新しいモデルに、**2.** で保存していたニューラルネットワークの重

---

†1 ここで Functional API を選択していますが、Sequential モデルでも問題はありません。ただし、ネットワーク構造の変更を扱いやすい Functional API のほうが適していると考えられます。

みを by_name=True で load_weight 関数にオプションをつけて読み込む。この際、必要に応じて、前半のモデルの重みの訓練を凍結する（ただし、凍結は必須ではない）。

5. fit や fit_generator（データオーグメンテーション時に利用）などの関数で、訓練を開始する。

1. で name="名前"オプションで名前をつけておくのは、**4.** で事前に訓練していたニューラルネットワークの重みを by_name=True オプションで読み込むとき、名前が同じ層に訓練時に初期値として重みが入り、名前が違う部分には初期値は入らない（乱数で初期化）という処理が適用されるためです。

1. ニューラルネットワークに名前をつける

プログラム 4-7 のように、ニューラルネットワークの各層に名前をつけます。前述のように、Keras におけるファインチューニングでは、この名前がとても重要なはたらきをします。

プログラム 4-7　ニューラルネットワークに名前をつける (FineTune ①)

```
1  from keras.layers import Input
2  from keras.models import Model
3  input_shape = x_train.shape[1:]
4  print('入力シェープ_=_', input_shape)
5
6  inputs = Input(shape=input_shape)
7  x = Conv2D(32, kernel_size=(3, 3),  # 層に名前をつける
8      padding='same',activation='relu', name='conv1')(inputs)
9  x = Conv2D(32, (3, 3), activation='relu', name='conv2')(x)
10 x = MaxPooling2D(pool_size=(2, 2), name='pool1')(x)
11 x = Dropout(0.25, name='drop1')(x)
12 x = Conv2D(64, (3, 3), padding='same', activation='relu',name='conv3')(x)
13 x = Conv2D(64, (3, 3), activation='relu', name='conv4')(x)
14 x = MaxPooling2D(pool_size=(2, 2), name='pool2')(x)
15 x = Dropout(0.25, name='drop2')(x)
16 x = Flatten(name='flatten')(x)
17 x = Dense(512, activation='relu', name='fc1')(x)
18 x = Dropout(0.5)(x)
19 outputs = Dense(num_classes, activation='softmax', name='fc2')(x)
20 model = Model(inputs=[inputs], outputs=[outputs])
```

GraphvizでのグラフをＧ可視化をすると、図4-4のようになります。各層につけた名前は `conv1:Conv2d` のように、各層の前に表示されています。

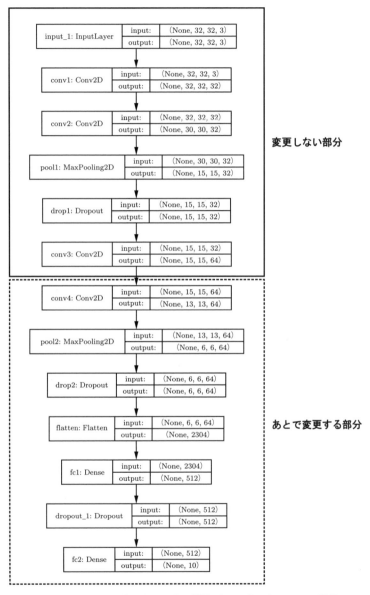

図 4-4　ニューラルネットワークの構造（ファインチューニング前）

2. ニューラルネットワークを訓練し、実行結果を保存

これまでと同様にプログラム 4-8 で訓練を行いますが、10 行目のコールバック (`ModelCheckpoint`) で重みパラメータを保存しておくのが重要です。このパラメータはあとでプログラム 4-11 の `load_weights` 関数で読み込まれて、ファインチューニングを完結させるために必須となります。

プログラム 4-8　ニューラルネットワークの訓練と実行結果の保存 (FineTune ②)

```
1  # RMSpropで最適化
2  opt = keras.optimizers.rmsprop(lr=0.0001, decay=1e-6)
3  # コンパイル
4  model.compile(loss='categorical_crossentropy',
5                optimizer=opt,  metrics=['accuracy'])
6  # コールバックの定義
7  fpath = 'weights.{epoch:02d}-{loss:.2f}-{acc:.2f}-{val_loss:.2f}-{val_acc:.2f
          }.hdf5'
8  callbacks_list = [
9      keras.callbacks.EarlyStopping(monitor='loss',patience=5, ),  # 5エポック以
              上改善なければストップ
10     keras.callbacks.ModelCheckpoint(fpath, monitor='val_acc', save_best_only=
          True),
11 ]
12 # 通常のfit関数で訓練して重み計算
13 history = model.fit (x_train, y_train,
14                      batch_size=batch_size,
15                      epochs=epochs,
16                      callbacks=callbacks_list,
17                      validation_data=(x_test, y_test))
```

`ModelCheckpoint` クラスのパラメータで、`save_best_only = True` と `monitor='val_acc'` オプションを設定していますので、エポックの進行とともに精度が最高値を更新したときにのみ、重みパラメータを保存することになります。7 行目の **fpath** は、その際のファイル名を与えています。また、9 行目のコールバックで、損失 (**loss**) が 5 エポック以上改善しなければ、途中でプログラムを止める宣言をしています。

ここで、プログラム 4-9 の **evaluate** 関数で、最初の訓練の終了時での精度を計算しておきます。この値を、ファインチューニング後の値と比較することになります。

78 | 第 4 章　実践編② ：一歩進んだディープラーニングの技法

プログラム 4-9　最初の訓練終了時での精度の計算 (FineTune ③)

```
1  score = model.evaluate(x_test, y_test, verbose=0)
2  print('テストデータの損失:', np.round(score[0],4))
3  print('テストデータの精度:', np.round(score[1],4))
```

実行すると、以下のような結果が得られます。

```
テストデータの損失: 0.5994
テストデータの精度: 0.8051
```

3. 新しいモデルの構築

いよいよファインチューニングを行ってみます。プログラム 4-10 でモデルを構築します。

プログラム 4-10　新しいモデルの構築 (FineTune ④)

```
1  from keras.layers import Input
2  from keras.models import Model
3  input_shape = x_train.shape[1:]
4  inputs = Input(shape=input_shape)
5  x = Conv2D(32, kernel_size=(3, 3),
6             padding='same',activation='relu', name='conv1')(inputs)
7  x = Conv2D(32, (3, 3), activation='relu', name='conv2')(x)
8  x = MaxPooling2D(pool_size=(2, 2), name='pool1')(x)
9  x = Dropout(0.25, name='drop1')(x)
10 x = Conv2D(64, (3, 3), padding='same', activation='relu',name='conv3')(x)
11 x = BatchNormalization(name='batch-n1')(x)   # ここから変更開始
12 x = Conv2D(64, (3, 3), activation='relu', name='conv4-n')(x)
13 x = MaxPooling2D(pool_size=(2, 2), name='pool2-n')(x)
14 x = Dropout(0.25, name='drop-n')(x)
15 x = Flatten(name='flatten-n')(x)
16 x = Dense(1024, activation='relu', name='fc-n')(x)
17 x = BatchNormalization(name='batch-n2')(x)
18 x = Dropout(0.5)(x)
19 outputs = Dense( num_classes, activation='softmax', name='fc2n')(x)
20 model = Model(inputs=[inputs], outputs=[outputs])
21 model.summary()
```

最初の二つの畳込みはそのままなので、10 行目まではプログラム 4-7 と同様です。11 行目から BatchNormalization 層を新たに加え、途中の隠れ層からのデータをバッ

チ単位で正規化するようにファインチューニングしています。VGG16, VGG19 など
の ImageNet で訓練させたモデルの場合も、BatchNormalization 層を加えてファイ
ンチューニングされることが多いです。実行すると、以下のような結果が得られます。

```
Layer (type)                    Output Shape            Param #
=================================================================
input_1 (InputLayer)            (None, 32, 32, 3)        0

conv1 (Conv2D)                  (None, 32, 32, 32)       896

conv2 (Conv2D)                  (None, 30, 30, 32)       9248

pool1 (MaxPooling2D)            (None, 15, 15, 32)       0

drop1 (Dropout)                 (None, 15, 15, 32)       0

conv3 (Conv2D)                  (None, 15, 15, 64)       18496

batch-n1 (BatchNormalization    (None, 15, 15, 64)       256

conv4-n (Conv2D)                (None, 13, 13, 64)       36928

pool2-n (MaxPooling2D)          (None, 6, 6, 64)         0

drop-n (Dropout)                (None, 6, 6, 64)         0

flatten-n (Flatten)             (None, 2304)             0

fc-n (Dense)                    (None, 1024)             2360320

batch-n2 (BatchNormalization    (None, 1024)             4096

dropout_1 (Dropout)             (None, 1024)             0

fc2n (Dense)                    (None, 10)               10250
=================================================================
Total params: 2,440,490
Trainable params: 2,438,314
Non-trainable params: 2,176
```

4. 訓練済みの重みのロード

　プログラム 4-11 のように、新しいモデルに、事前に保存していたモデルの重み（ファイル名="weights.79-0.55-0.82-0.60-0.81.hdf5"[†1]）をロードします。重要なのは、以前のモデルをロードすると、名前が同じ部分だけに訓練された重みを設定できるということです。コンパイルをモデルの重みパラメータのロードと同時に行うことも重要です。以前訓練した重みを変更したくない場合は、変更したくない部分の重みを凍結することもできます。凍結は以下のようなコードで実現できます（6 層目までの重みを凍結する場合）。

```
for layer in model.layers[:6]:
    layer.trainable = False
```

ただし、凍結は必須ではありません。凍結しない場合、重みは初期値として与えられ、エポックとともに変更されます。

プログラム 4-11　訓練済みの重みのロード (FineTune ⑤)

```
1  # RMSprop で最適化
2  opt = keras.optimizers.rmsprop(lr=0.0001, decay=1e-6)
3  # コンパイル
4  model.compile(loss='categorical_crossentropy',
5                optimizer=opt, metrics=['accuracy'])
6  # 重みをロードして by_name=True とする
7  model.load_weights('weights.79-0.55-0.82-0.60-0.81.hdf5', by_name=True)
```

---

　7 行目では、モデルの **load_weights** 関数で **by_name = True** オプションをつけて、名前が同じ層だけ訓練済みの重みを与えています。ロードしている重みは、**2.** のプログラム 4-8 で得られたコールバックで保存されたバリデーションの精度（**val_acc**）が最もよかった重みです（7 行目のファイル名からわかるように、実際は 79 エポック目で 0.81 となります）。

　Graphviz で可視化すると図 4-5 のようになります。この図の点線で囲んだ部分が、図 4-4 から変更した部分です。

---

　†1　プログラム 4-8 の 7 行目で設定しておいた出力ファイルの中で **val_acc** が最大のファイルのこと。

4.2 ファインチューニング：CIFAR10 画像の分類 | 81

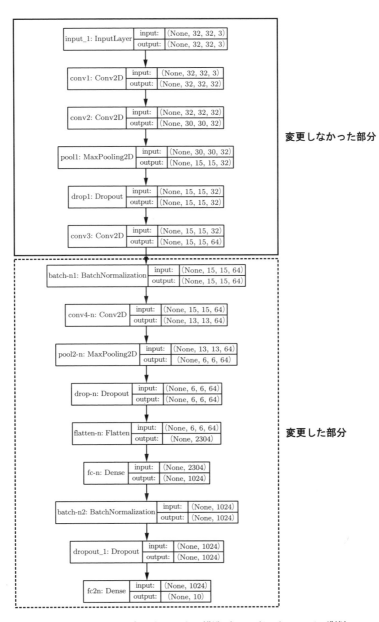

図 4-5　ニューラルネットワークの構造（ファインチューニング後）

5. 新しいモデルの訓練開始

　重みパラメータのロードとコンパイルが終わったら、いよいよファインチューニングによる新しいモデルの訓練です。ここでも、ファインチューニングする前と同様に、コールバックをつけて実行することにします。すなわち、バリデーションが最高の重みパラメータを、HDF5形式でエポック終了後に保存します。なお、プログラム自体は、プログラム4-8と同じなので省略します。実行すると、たとえば以下のような結果が得られます。ファインチューニングにより3〜4%精度が向上していることがわかります。

```
Train on 50000 samples, validate on 10000 samples
Epoch 1/100
50000/50000 [=] - 12s 232us/step - loss: 1.1723 - acc: 0.6259 - val_loss: 0.8358
- val_acc: 0.7208
Epoch 2/100
50000/50000 [=] - 11s 225us/step - loss: 1.0224 - acc: 0.6617 - val_loss: 0.7711
- val_acc: 0.7402
Epoch 3/100
50000/50000 [=] - 11s 223us/step - loss: 0.9260 - acc: 0.6910 - val_loss: 0.7728
- val_acc: 0.7329
......
Epoch 93/100
50000/50000 [=] - 11s 212us/step - loss: 0.1846 - acc: 0.9366 - val_loss: 0.6046
- val_acc: 0.8331
Epoch 94/100
50000/50000 [=] - 11s 210us/step - loss: 0.1846 - acc: 0.9364 - val_loss: 0.5987
- val_acc: 0.8408
```

　エポック–精度グラフとエポック–損失グラフを描画すると、図4-6のようになります。いずれのグラフにおいても、テストデータのグラフは、20エポック付近で一時的な精度低下・損失上昇が観察されますが、40エポック付近で、最大の精度・最小の損失が得られています。一般に、ファインチューニングをすると、チューニングする前の経験を活かしてよりよいモデルが構成できます。

　ファインチューニング後、プログラム4-9を実行すると、コールバックで最高精度と最低損失が以下のように記録されます。精度で4%程度向上し、損失も2%程度低下していることがわかります。

```
テストデータの損失: 0.5746
テストデータの精度: 0.8411
```

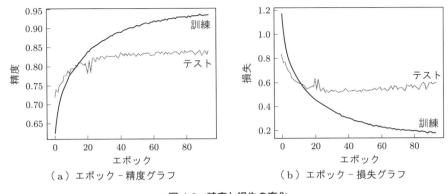

(a) エポック-精度グラフ　　　　　(b) エポック-損失グラフ

図 4-6　精度と損失の変化

4.2.2　層数の多いニューラルネットワークのファインチューニング

前項で CIFAR10 に対して、層数の少ないニューラルネットワークにおけるファインチューニングを適用しましたが、実際ファインチューニングが効果を発揮するのは、VGG16 に代表されるような層数が多い場合です。ここでは、4.2 節で述べた植物画像のデータを、層数の多い VGG16 でファインチューニングしてみます。

1. 訓練済みの重みファイルの準備

VGG16 を ImageNet で訓練したネットワークの重みは Keras のダウンロードサイト[†1]から取得できるため、p.73 のステップ **1.** から **2.** までは省略します。このサイトから、`vgg16_weights_tf_dim_ordering_tf_kernels.h5` という名前の HDF5 ファイルをダウンロードし、これを適当な場所に保管しておきます。なお、VGG16 モデルを Keras からアクセスする場合、このファイルは".keras"フォルダ下の `models` 以下に自動的にダウンロードされます。

2. 新しいモデルの構築

まず、Keras のアプリケーションとして用意されている VGG16 の 16 層の名前を知る必要があります。Python に Keras をインストールすると、通常 Python のライブラリ中の `keras_applications` というフォルダ中に `vgg16.py` という Python ファイルが配備されます。ここを見ると、以下の表 4-2 に示すような名前が付与されています。表 4-2 から、22 層のニューラルネットワークに見えますが、ここから

[†1] https://github.com/fchollet/deep-learning-models/releases

第 4 章　実践編②：一歩進んだディープラーニングの技法

表 4-2　VGG16 の各層につけられた名前

ブロック名	層の番号	層の種類	層の名前
1	1	Conv2D	block1_conv1
	2	Conv2D	block1_conv2
	3	MaxPooling2D	block1_pool
2	4	Conv2D	block2_conv1
	5	Conv2D	block2_conv2
	6	MaxPooling2D	block2_pool
3	7	Conv2D	block3_conv1
	8	Conv2D	block3_conv2
	9	Conv2D	block3_conv3
	10	MaxPooling2D	block3_pool
4	11	Conv2D	block4_conv1
	12	Conv2D	block4_conv2
	13	Conv2D	block4_conv3
	14	MaxPooling2D	block4_pool
5	15	Conv2D	block5_conv1
	16	Conv2D	block5_conv2
	17	Conv2D	block5_conv3
	18	MaxPooling2D	block5_pool
6	19	Flatten	flatten
	20	Dense	fc1
	21	Dense	fc2
	22	Dense	predictions

重みパラメータがつかない MaxPooling2D 層と Flatten 層を削除すると、16 層に
なります。

　更新したい層に新しい名前をつけ、プログラム 4-12 のように VGG16 を再定義し
ます。ここでは myVGG16 という関数として定義しています。

プログラム 4-12　新しいモデルの構築 (FineTune ⑥)

```
1  from keras.layers import Input
2  from keras.models import Model
3  from keras.layers.convolutional import Conv2D, MaxPooling2D
4  from keras.layers import Dense, Dropout, Flatten
5  from keras.layers.normalization import BatchNormalization
6
7  def myVGG16():
```

4.2 ファインチューニング：CIFAR10 画像の分類 | 85

```
8    input_shape = (224,224,3)
9    inputs = Input(shape=input_shape)
10
11   # ブロック1
12   x = Conv2D(64, (3, 3), activation='relu', padding='same', name='
         block1_conv1')(inputs)
13   x = Conv2D(64, (3, 3), activation='relu', padding='same', name='
         block1_conv2')(x)
14   x = MaxPooling2D((2, 2), strides=(2, 2), name='block1_pool')(x)
15   # ブロック2
16   x = Conv2D(128, (3, 3), activation='relu', padding='same', name='
         block2_conv1')(x)
17   x = Conv2D(128, (3, 3), activation='relu', padding='same', name='
         block2_conv2')(x)
18   x = MaxPooling2D((2, 2), strides=(2, 2), name='block2_pool')(x)
19   # ブロック3
20   x = Conv2D(256, (3, 3), activation='relu', padding='same', name='
         block3_conv1')(x)
21   x = Conv2D(256, (3, 3), activation='relu', padding='same', name='
         block3_conv2')(x)
22   x = Conv2D(256, (3, 3), activation='relu', padding='same', name='
         block3_conv3')(x)
23   x = MaxPooling2D((2, 2), strides=(2, 2), name='block3_pool')(x)
24   # ブロック4
25   x = Conv2D(512, (3, 3), activation='relu', padding='same', name='
         block4_conv1')(x)
26   x = Conv2D(512, (3, 3), activation='relu', padding='same', name='
         block4_conv2')(x)
27   x = Conv2D(512, (3, 3), activation='relu', padding='same', name='
         block4_conv3')(x)
28   x = MaxPooling2D((2, 2), strides=(2, 2), name='block4_pool')(x)
29   # ブロック5
30   x = Dropout(0.25, name='drop-n1')(x)
31   x = Conv2D(512, (3, 3), activation='relu', padding='same', name='
         block5_conv1-n')(x)
32   x = BatchNormalization(name='nml1-n')(x)
33   x = Conv2D(512, (3, 3), activation='relu', padding='same', name='
         block5_conv2-n')(x)
34   x = Conv2D(512, (3, 3), activation='relu', padding='same', name='
         block5_conv3-n')(x)
35   x = MaxPooling2D((2, 2), strides=(2, 2), name='block5_pool-n1')(x)
36
```

```
37    x = Flatten(name='flatten-n')(x)
38    x = Dense(4096, activation='relu', name='fc1-n')(x)
39    x = BatchNormalization(name='nml2-n')(x)
40    x = Dense(4096, activation='relu', name='fc2-n')(x)
41    outputs = Dense(20, activation='softmax', name='predictions-n')(x)
42    model = Model(inputs=[inputs], outputs=[outputs])
43    return model
```

名前を変更しているのはブロック5以降です。Dropout層やBatchNormalization層を追加しています。

3. 訓練済みの重みのロード

このステップはとてもシンプルで、プログラム 4-12 をプログラム 4-13 で呼び出し、新しいモデルを構築し、これに訓練済みの重みをロードするだけです。ただし、もとのモデルと名前が同じ層には訓練済みの重みが適用され、名前が異なる層にはこのあとのステップで新たな重みが適用されます。

> **プログラム 4-13　訓練済みの重みのロード (FineTune ⑦)**

```
1  model = myVGG16()
2  model.load_weights('/home/aono/.keras/models/
   vgg16_weights_tf_dim_ordering_tf_kernels.h5', by_name=True)
3  model.summary()
```

4. 新しいモデルの訓練開始

新しいモデルが定義できたので、あとは植物画像の訓練データとテストデータを fit 関数や fit_generator 関数などで与えて、訓練を実行するだけです。プログラム 4-12 では、8行目にあるように訓練画像のシェープが (224,224,3) となっていますので、このシェープの訓練画像を training224、テスト画像を test224 とします。プログラム 4-14 で訓練を開始します。

> **プログラム 4-14　新しいモデルの訓練開始 (FineTune ⑧)**

```
1  model.compile(optimizer=optimizers.RMSprop(lr=2e-5),
2                loss='categorical_crossentropy',
3                metrics=['acc'])
```

```
 4  fpath = './h5-fine/weights.'+\
 5    '{epoch:02d}-{loss:.2f}-{acc:.2f}-{val_loss:.2f}-{val_acc:.2f}.h5'
 6  callbacks_list = [
 7      keras.callbacks.EarlyStopping( monitor='loss',patience=5, ),
 8      keras.callbacks.ModelCheckpoint(fpath, monitor='val_acc', save_best_only=
          True),
 9  ]
10  history = model.fit(training224, train_labels,
11                      epochs=100,
12                      batch_size=64,
13                      callbacks = callbacks_list,
14                      validation_data=(test224, test_labels))
```

実行結果は以下のようになります。

```
Train on 1400 samples, validate on 200 samples
Epoch 1/100
1400/1400 [=] - 25s 18ms/step - loss: 2.4033 - acc: 0.2979 - val_loss: 1.9593
- val_acc: 0.4550
Epoch 2/100
1400/1400 [=] - 15s 11ms/step - loss: 1.3481 - acc: 0.6400 - val_loss: 1.5147
- val_acc: 0.5500
Epoch 3/100
1400/1400 [=] - 15s 11ms/step - loss: 0.8268 - acc: 0.8279 - val_loss: 1.2575
- val_acc: 0.5950
Epoch 4/100
1400/1400 [=] - 15s 11ms/step - loss: 0.4340 - acc: 0.9450 - val_loss: 1.2223
- val_acc: 0.6000
Epoch 5/100
1400/1400 [=] - 15s 11ms/step - loss: 0.2194 - acc: 0.9843 - val_loss: 1.0168
- val_acc: 0.7100
......
Epoch 36/100
1400/1400 [=] - 15s 11ms/step - loss: 1.2178e-05 - acc: 1.0000 - val_loss: 0.6817
- val_acc: 0.8650
Epoch 37/100
1400/1400 [=] - 15s 11ms/step - loss: 5.8781e-06 - acc: 1.0000 - val_loss: 0.7098
- val_acc: 0.8750
Epoch 38/100
1400/1400 [=] - 15s 11ms/step - loss: 2.3349e-04 - acc: 1.0000 - val_loss: 0.6965
- val_acc: 0.8550
......
```

88 第 4 章 実践編②：一歩進んだディープラーニングの技法

```
Epoch 52/100
1400/1400 [=] - 15s 11ms/step - loss: 9.8184e-07 - acc: 1.0000 - val_loss: 0.7269
- val_acc: 0.8750
Epoch 53/100
1400/1400 [=] - 15s 11ms/step - loss: 4.1940e-06 - acc: 1.0000 - val_loss: 0.8191
- val_acc: 0.8500
```

エポックは、53 回目で早期終了していることがわかります。バリデーションの精度が 37 および 52 エポックで 0.875 となっており、4.1 節で VGG16 を用いた結果 (0.84) よりも 3% 以上向上していることがわかります。

4.3 データオーグメンテーション：CIFAR100 画像の分類

ファインチューニングと並んで、ディープラーニングで頻繁に利用されるのが**データオーグメンテーション**です。

データオーグメンテーションは、訓練データをさまざまな手法で増幅させる仕組みの総称です。とくに画像分類において、

- 訓練画像の総数が少ない
- 特定のクラスの訓練画像が少ない

場合に、欠かせない機能の一つです。ただし、一般的には、訓練画像数を増やすと 1 エポックあたりの時間が増大し、システム内で保持するメモリ量も増大します。したがって、こういった時間や空間の犠牲に見合う結果が十分に期待できる場合に行うべきものです。たとえば、データオーグメンテーションを行った結果、仮に 1 エポックあたり 2 倍近い時間を要し、GPU の保持すべきバッチあたりのメモリが増えるにもかかわらず、1%未満の性能の改善しか期待できない場合は、あえてデータオーグメンテーションしなくても、各種ニューラルネットワークの改善やハイパーパラメータのチューニングを行ったほうが、性能改善できる場合があります。とはいえ、上手にデータオーグメンテーションすれば、計算時間も 10〜20%程度の増加にとどまり、3〜5%以上性能が向上する場合があります。

データオーグメンテーションの基本的な流れは、以下のようになります。

1. 画像データを増幅させるクラス（画像ジェネレータクラス）の準備
2. ニューラルネットワークの構築
3. 画像ジェネレータクラスと連携した訓練の開始

通常のディープラーニングとの違いは、画像ジェネレータクラスを準備する点と、ニューラルネットワークの訓練時に、画像ジェネレータと連携してデータを増幅させて過学習を抑制し、精度の向上を目指す点です。

ここでは、CIFAR10 と同じく解像度が 32 × 32 のカラー画像で、100 種類のクラスからなる CIFAR100[†1] を用いてデータオーグメンテーションを行います。

---

†1　https://www.cs.toronto.edu/~kriz/cifar.html

90 | 第 4 章 実践編②：一歩進んだディープラーニングの技法

　CIFAR100 の細分化されたクラス内には、人間が見ても間違えそうなクラスの画像が多く、CIFAR100 の国際的なリーディングボード[†1]によると、世界最高でも 75%、世界第 10 位で 69%程度しか精度が出ていません。データオーグメンテーションする場合としない場合で、どこまでこれらの精度に近づけるかを見ていきます[†2]。

4.3.1　データの概要

　CIFAR100 の代表的なクラスと画像例を、それぞれ表 4-3 と図 4-7 に示します。20 種類の大分類に対して、それぞれ 5 種類の小分類があり、全体で 100 種類のクラスを形成しています。

表 4-3　CIFAR100 の代表的なクラス

大分類	小分類
海洋哺乳類	ビーバー、イルカ、カワウソ、アザラシ、クジラ
魚類	観賞魚、カレイ、エイ、サメ、マス
花	ラン、ひなげし、バラ、ヒマワリ、チューリップ
食品容器	ボトル、ボウル、カン、カップ、プレート
果物と野菜	リンゴ、キノコ、オレンジ、ナシ、ピーマン
家庭用電気機器	時計、コンピュータキーボード、ランプ、電話、テレビ
家庭用家具	ベッド、イス、ソファー、テーブル、タンス
昆虫	ハチ、カブトムシ、蝶、（蝶などの）幼虫、ゴキブリ
大型の肉食獣	クマ、ヒョウ、ライオン、トラ、オオカミ
人造の巨大な屋外物	橋、城、家、道、超高層ビル
広大な野外シーン	雲、森、山、平野、海
大型の雑食動物と草食動物	ラクダ、ウシ、チンパンジー、ゾウ、カンガルー
中型の哺乳類	キツネ、ヤマアラシ、オポッサム、アライグマ、スカンク
昆虫以外の無脊椎動物	カニ、ロブスター、カタツムリ、クモ、ワーム
人々	赤ちゃん、少年、少女、男性、女性
爬虫類	ワニ、恐竜、トカゲ、ヘビ、カメ
小哺乳類	ハムスター、マウス、ウサギ、トガリネズミ、リス
木	カエデ、オーク、ヤシ、マツ、ヤナギ
乗り物 1	自転車、バス、オートバイ、ピックアップトラック、電車
乗り物 2	芝刈り機、ロケット、市街電車、タンク、トラクタ

[†1] http://rodrigob.github.io/are_we_there_yet/build/
classification_datasets_results.html#43494641522d313030

[†2] データオーグメンテーションでは、Python のジェネレータ機能をふんだんに使用します。付録 A.3.2 も参照してください。

4.3 データオーグメンテーション：CIFAR100 画像の分類　　91

図 4-7　CIFAR100 の画像（抜粋、巻頭のカラー口絵も参照）

4.3.2　データの準備とニューラルネットワークの構築

　CIFAR100 は、MNIST や CIFAR10 と同様に、Keras に標準で提供されているデータの一種です。そこでまず、プログラム 4-15 でロードしておきます。

プログラム 4-15　データのロード (Augment ①)

```
import keras
from keras.datasets import cifar100
(X_train, y_train), (X_test, y_test) = cifar100.load_data()
num_classes = 100
# ワンホットベクトルに変換
y_train = keras.utils.to_categorical(y_train, num_classes)
y_test  = keras.utils.to_categorical(y_test, num_classes)
```

92 | 第 4 章　実践編②：一歩進んだディープラーニングの技法

　ここでは、CIFAR10 で用いた 4〜6 層程度の構造よりは少し複雑なニューラルネットワークの構造を使うことにします。具体的には、10 層（畳込みが 7 層、全結合が 3 層）のニューラルネットワークで、本来の VGG16 にはない BatchNormalization 層を畳込み層や全結合層の前後に組み入れた構成です。なお、CIFAR100 の画像サイズは (32, 32) ですが、プログラム 4-16 の 6〜7 行目に示すように、Functional API の先頭の Input 層へは (32, 32, 3)（最後の 3 はチャネル数で RGB の 3 色を表しています）として入力します[†1]。

プログラム 4-16　ニューラルネットワークの構築 (Augment ②)

```
1  from keras.models import Model
2  from keras.layers import Input, Dense, Dropout
3  from keras.layers import Activation, Flatten, Conv2D, MaxPooling2D
4  from keras.layers import BatchNormalization, ZeroPadding2D
5  # 入力のシェープ
6  input_shape = X_train.shape[1:]
7  inputs = Input(shape=input_shape)
8
9  x = ZeroPadding2D((1,1), input_shape=(224,224,3))(inputs)
10 x = Conv2D(64, (3, 3), activation='relu')(x)
11 x = BatchNormalization()(x)
12 x = ZeroPadding2D((1,1))(x)
13 x = Conv2D(64, (3, 3), activation='relu')(x)
14 x = MaxPooling2D((2,2), strides=(2,2))(x)
15
16 x = BatchNormalization()(x)
17 x = ZeroPadding2D((1,1))(x)
18 x = Conv2D(128, (3, 3), activation='relu')(x)
19 x = ZeroPadding2D((1,1))(x)
20 x = BatchNormalization()(x)
21 x = Conv2D(128, (3, 3), activation='relu')(x)
22 x = MaxPooling2D((2,2), strides=(2,2))(x)
23
24 x = BatchNormalization()(x)
25 x = ZeroPadding2D((1,1))(x)
26 x = Conv2D(256, (3, 3), activation='relu')(x)
27 x = ZeroPadding2D((1,1))(x)
28 x = BatchNormalization()(x)
```

---

†1　CIFAR100 の画像群は、プログラム 4-15 の 3 行目の `cifar100.load_data` 関数でロードされるので、プログラム中には明示的に (32, 32, 3) というシェープは表れません。

4.3　データオーグメンテーション：CIFAR100 画像の分類 | 93

```
29 | x = Conv2D(256, (3, 3), activation='relu')(x)
30 | x = ZeroPadding2D((1,1))(x)
31 | x = BatchNormalization()(x)
32 | x = Conv2D(256, (3, 3), activation='relu')(x)
33 | x = MaxPooling2D((2,2), strides=(2,2))(x)
34 |
35 | x = Flatten()(x)
36 | x = Dense(2048, activation='relu')(x)
37 | x = Dropout(0.5)(x)
38 | x = BatchNormalization()(x)
39 | x = Dense(1024, activation='relu')(x)
40 | x = Dropout(0.5)(x)
41 | x = BatchNormalization()(x)
42 | outputs = Dense(100, activation='softmax')(x)
43 |
44 | model = Model(inputs=[inputs], outputs=[outputs])
45 | model.summary()
```

これを実行すると、summary 関数により以下のような結果が得られます。

Layer (type)	Output Shape	Param #
input_1 (InputLayer)	(None, 32, 32, 3)	0
zero_padding2d_1 (ZeroPaddin	(None, 34, 34, 3)	0
conv2d_1 (Conv2D)	(None, 32, 32, 64)	1792
batch_normalization_1 (Batch	(None, 32, 32, 64)	256
zero_padding2d_2 (ZeroPaddin	(None, 34, 34, 64)	0
conv2d_2 (Conv2D)	(None, 32, 32, 64)	36928
max_pooling2d_1 (MaxPooling2	(None, 16, 16, 64)	0
batch_normalization_2 (Batch	(None, 16, 16, 64)	256
zero_padding2d_3 (ZeroPaddin	(None, 18, 18, 64)	0
conv2d_3 (Conv2D)	(None, 16, 16, 128)	73856

94 第 4 章　実践編②：一歩進んだディープラーニングの技法

zero_padding2d_4 (ZeroPaddin	(None, 18, 18, 128)	0
batch_normalization_3 (Batch	(None, 18, 18, 128)	512
conv2d_4 (Conv2D)	(None, 16, 16, 128)	147584
max_pooling2d_2 (MaxPooling2	(None, 8, 8, 128)	0
batch_normalization_4 (Batch	(None, 8, 8, 128)	512
zero_padding2d_5 (ZeroPaddin	(None, 10, 10, 128)	0
conv2d_5 (Conv2D)	(None, 8, 8, 256)	295168
zero_padding2d_6 (ZeroPaddin	(None, 10, 10, 256)	0
batch_normalization_5 (Batch	(None, 10, 10, 256)	1024
conv2d_6 (Conv2D)	(None, 8, 8, 256)	590080
zero_padding2d_7 (ZeroPaddin	(None, 10, 10, 256)	0
batch_normalization_6 (Batch	(None, 10, 10, 256)	1024
conv2d_7 (Conv2D)	(None, 8, 8, 256)	590080
max_pooling2d_3 (MaxPooling2	(None, 4, 4, 256)	0
flatten_1 (Flatten)	(None, 4096)	0
dense_1 (Dense)	(None, 2048)	8390656
dropout_1 (Dropout)	(None, 2048)	0
batch_normalization_7 (Batch	(None, 2048)	8192
dense_2 (Dense)	(None, 1024)	2098176
dropout_2 (Dropout)	(None, 1024)	0
batch_normalization_8 (Batch	(None, 1024)	4096

```
dense_3 (Dense)              (None, 100)                102500
=================================================================
Total params: 12,342,692
Trainable params: 12,334,756
Non-trainable params: 7,936
```

全体で1230万近い重みパラメータがあることがわかります。ネットワーク自体の入出力のシェープは、図4-8に示すようになります。

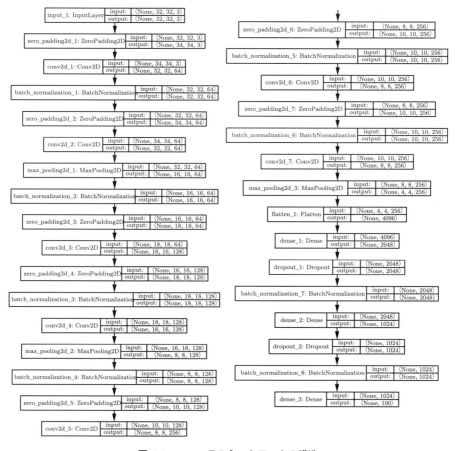

図4-8　ニューラルネットワークの構造

4.3.3 学習率をエポックごとに変化

　データオーグメンテーションを行う状況では、多くの場合、エポック数が100以上の比較的長い訓練期間を要します。その際、エポックを重ねても性能がほとんど変化しなくなってしまう場合があります。これを改善する一つの実践的な施策として、エポックの進行に合わせて学習率を下げる方法が知られています。ここでは、Kerasのfit 関数や fit_generator 関数に与えられる LearningRateScheduler コールバックにより、エポックの進行に合わせて学習率を下げる仕組みを導入してみます。

　学習が進むごとに学習率を低減させる方法は、単純にエポック数に反比例するように $f(x) = 1/(x+1)$ のような関数で線形に下げることもできれば、$f(x) = 1/(x^2+1)$ のような関数で（非線形に）高速に学習率を小さくすることもできます。ここで x はエポックで、$f(x)$ は学習率を表します。一方、ステップ関数で、エポックの進行とともに、定期的に学習率を低下させることもできます。ここでは、ステップ関数を使うことにします[1]。

　ステップ関数を実際に起動させるには、LearningRateScheduler とよばれるスケジューラのコールバックと連動させる必要があります。ステップ関数の定義、SGDとそのコンパイルでの指定、ならびにコールバックでのスケジュールの与え方はプログラム 4-17 のようになります。

プログラム 4-17　SGD の学習率を変化させる関数の定義 (Augment ③)

```
1  import os
2  from keras.optimizers import SGD
3  from keras.callbacks import ModelCheckpoint, LearningRateScheduler
4  from keras.regularizers import l2
5
6  import math
7  def step_decay(epoch):   # 学習率をエポックとともにステップ関数で低減
8      initial_lrate = 0.02
9      drop = 0.2
10     epochs_drop = 50
11     lrate = initial_lrate * math.pow(drop, math.floor((1+epoch)/epochs_drop))
12     return lrate
13 # 学習率変化のためのコールバックの設定
```

---

[1]　なお、学習率の変化は、重みパラメータを最適化手法で動的に取り込むことが重要になります。これを実現する最適化手法として SGD があります。ただし、fit 関数や fit_generator 関数を呼び出す前に、compile 関数で指定しておく必要があります。

```
14  scheduler = LearningRateScheduler(schedule=step_decay)
15
16  sgd = SGD(lr=0.1, momentum=0.95, nesterov=True)  # 最適化手法は SGD
17  model.compile(loss='categorical_crossentropy',
18                optimizer=sgd,
19                metrics=['accuracy'])
20
21  # よいモデルを途中で保存
22  save_dir = os.path.join(os.getcwd(), 'saved_models')
23  model_name = 'IMGen-model.h5'  # HDF5形式で保存
24  if not os.path.isdir(save_dir):
25      os.makedirs(save_dir)
26  filepath = os.path.join(save_dir, model_name)
27  # モデル保存用のコールバックの設定
28  checkpoint = ModelCheckpoint(filepath=filepath,
29                               verbose=1,
30                               monitor='val_acc',
31                               save_best_only=True)
32  # 二つのコールバックをリスト
33  callbacks = [checkpoint, scheduler]
```

16行目にあるSGDの学習率パラメータ `lr=0.1` は動的に設定されていて、`fit` 関数や `fit_generator` 関数のコールバックで `LearningRateSceduler` があればそちらを使うようになっています。ここでのステップ関数は、図4-9のようになります。

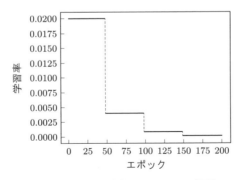

図4-9　学習率を低減させるステップ関数

4.3.4 fit_generator によるデータオーグメンテーション

プログラム 4-18 のように、データオーグメンテーションを行いながら、訓練データで重みパラメータを最適化します。2 行目で定義している ImageDataGenerator が、画像データをオーグメンテーションするジェネレータになります。これを fit_generator 関数の第 1 引数となっている datagen.flow 関数で与えることで、ジェネレータの呼び出しが設定されます。fit_generator に含まれる steps_per_epoch は、ジェネレータによって無限ループで生成されるデータを制限するためのもので、指定したバッチサイズになったらジェネレータからの呼び出しを止めるように設定しておきます。

プログラム 4-18　fit_generator によるデータオーグメンテーション (Augment ④)

```
1  from keras.preprocessing.image import ImageDataGenerator
2  datagen = ImageDataGenerator(
3      rotation_range=10,
4      width_shift_range=0.1,
5      height_shift_range=0.1,
6      horizontal_flip=True)
7  # 訓練用パラメータの設定
8  batch_size = 128
9  epochs = 200
10 history = model.fit_generator(
11     datagen.flow(X_train, y_train, batch_size=batch_size),
12     steps_per_epoch=X_train.shape[0] // batch_size,
13     validation_data=(X_test, y_test),
14     epochs=epochs,
15     verbose=1,
16     callbacks=callbacks)
```

実行すると、以下のような結果が得られます。

```
ImageDataGenerator
Epoch 1/200
390/390 [=] - 27s 70ms/step - loss: 4.6178 - acc: 0.0598 - val_loss: 3.8390
- val_acc: 0.1182

Epoch 00001: val_acc improved from -inf to 0.11820, saving model to
IMGen-2018-8-4-model.h5
Epoch 2/200
```

```
390/390 [=] - 23s 58ms/step - loss: 4.0813 - acc: 0.1041 - val_loss: 3.9643
- val_acc: 0.0935

Epoch 00002: val_acc did not improve from 0.11820
Epoch 3/200
390/390 [=] - 35s 90ms/step - loss: 3.7362 - acc: 0.1441 - val_loss: 3.3101
- val_acc: 0.2020

……

Epoch 199/200
390/390 [=] - 36s 92ms/step - loss: 0.1312 - acc: 0.9565 - val_loss: 1.7530
- val_acc: 0.6632

Epoch 00199: val_acc did not improve from 0.66510
Epoch 200/200
390/390 [=] - 36s 92ms/step - loss: 0.1310 - acc: 0.9579 - val_loss: 1.7611
- val_acc: 0.6618

Epoch 00200: val_acc did not improve from 0.66510
```

　この結果を見ると、1エポックで30〜40秒程度かかっていることがわかります。また、最終的なバリデーションの分類精度は66.51%だったことがわかります。

　エポック–精度グラフとエポック–損失グラフは、図4-10のようになります。この図を見ると、ステップ関数で学習率を変化させる50および100エポック付近で、精度と損失の値が性能向上する方向に急激に変化していることが観察されます。この観察からも、学習率の動的な変更が性能向上に有効にはたらくといえそうです。

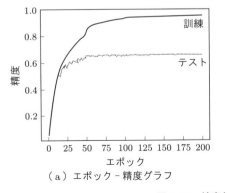
（a）エポック–精度グラフ

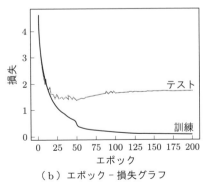
（b）エポック–損失グラフ

図4-10　精度と損失の変化

4.3.5 mixup によるデータオーグメンテーション

　データオーグメンテーションには、前項のプログラム 4-18 の 2 行目の **ImageDataGenerator** クラスを使うもの以外にも、たとえば GAN（generative adversarial network、本物そっくりのデータを生成する技術）などさまざまな手法が知られています。

　ここでは、mixup によるデータオーグメンテーションを紹介します[12]。mixup は、ワンホットベクトルを線形補間して、クラス境界の微妙な部分の離散誤差を円滑化する手法です。円滑化される結果、離散誤差が減少し、分類精度が向上するという効能があります。

　mixup のアイデアは実にシンプルです。通常マルチクラスの分類問題をディープラーニングで訓練する場合、正解データはワンホットベクトルにします。ワンホットベクトルは、どこか一つの正解があって明確な正解を与える一方で、テストデータに類似するクラスがあり、その画像のクラスが人間が見ても微妙である場合も、二つのクラスの境界をどちら近いほうに、「切り詰めて」推定してしまいます。これに対して mixup では、訓練データだけでなく、正解となるラベルデータをも線形補間します。

　線形補間された訓練データ $\tilde{x}$ とラベルデータ $\tilde{y}$ は、

$$\tilde{x} = \lambda x_i + (1 - \lambda)x_j$$
$$\tilde{y} = \lambda y_i + (1 - \lambda)y_j$$

と表現されます。ここで x_i, x_j は訓練データ、y_i, y_j はそのラベルデータです。λ は、ベータ関数を使い

$$\lambda = Beta(\alpha, \alpha)$$
$$Beta(a, b) = \frac{\Gamma(a)\Gamma(b)}{\Gamma(a + b)}$$

と表現されます。ただし、a と b はいずれも正の実数パラメータで、$\Gamma(a)$ はガンマ関数（階乗の概念を拡張した関数）です。また、α は $[0.0, 1.0]$ の間の値をとるパラメータです。

　$\tilde{y}$ はワンホットベクトルではなくなりますが、ワンホットベクトルを線形に補間することにより、「切り詰める」推定が「円滑な補間」による推定となり、α のパラ

4.3　データオーグメンテーション：CIFAR100 画像の分類　｜　101

メータ（λ パラメータ）を上手に選ぶと、結果的に精度が向上することが知られています。

プログラム 4-19 で、__call__関数をジェネレータとし、22 行目にある yield 文で訓練データとそのラベルを返します。mixup での補間計算の本体は 24 行目からの__data_generation 関数で、ここで訓練データとワンホットベクトルであったラベルを両方線形補間しています。

プログラム 4-19　mixup によるデータオーグメンテーション (Augment ⑤)

```python
import numpy as np
class MixupDataGenerator():
    def __init__(self, data, labels, size=32, alpha=0.2, shuffle=True,
        generator=None):
        self.data = data
        self.labels = labels
        self.size = size
        self.alpha = alpha
        self.shuffle = shuffle
        self.samples = len(data)
        self.generator = generator

    def __call__(self):
        while True:
            indexes = np.arange(self.samples)
            if self.shuffle:
                np.random.shuffle(indexes)

            iteration = int(len(indexes) // (2 * self.size))
            for i in range(iteration):
                ids = indexes[2*i*self.size : 2*(i+1)*self.size]
                X, y = self.__data_generation(ids)
                yield X, y

    def __data_generation(self, IDs):
        # ベータ分布の確率密度関数（size個の乱数を生成）
        beta_samples = np.random.beta(a=self.alpha, b=self.alpha, size=self.
        size)
        X_lambda = beta_samples.reshape(self.size, 1, 1, 1)
        y_lambda = beta_samples.reshape(self.size, 1)

        # 訓練データのmixup
```

102 第 4 章 実践編②：一歩進んだディープラーニングの技法

```
31          X1 = self.data[IDs[:self.size]]  # 前半のIDのデータ
32          X2 = self.data[IDs[self.size:]]  # 後半のIDのデータ
33          X = X1 * X_lambda + X2 * (1 - X_lambda)
34
35          if self.generator:
36              for i in range(self.size):  # ImageDataGenerator などを使う場合に使用
37                  X[i] = self.generator.random_transform(X[i])
38                  X[i] = self.generator.standardize(X[i])
39
40          # ラベルデータ（ワンホットベクトル）のmixup
41          y1 = self.labels[IDs[:self.size]]  # 前半のIDのデータ
42          y2 = self.labels[IDs[self.size:]]  # 後半のIDのデータ
43          y = y1 * y_lambda + y2 * (1 - y_lambda)
44
45          return X, y  # len(X) = len(y) = size,
```

プログラム 4-20 で `MixupDataGenerator` を呼び出して訓練します。

プログラム 4-20　`MixupDataGeneration` によるデータオーグメンテーション (Augment ⑥)

```
1  batch_size = 128
2  epochs = 200
3  training_generator = MixupDataGenerator(X_train,
4                                          y_train,
5                                          size=batch_size,
6                                          alpha=1.0,
7                                          generator=datagen)()
8  history = model.fit_generator(generator=training_generator,
9                                steps_per_epoch=X_train.shape[0] // batch_size,
10                               validation_data=(X_test, y_test),
11                               epochs=epochs,
12                               verbose=1,
13                               callbacks=callbacks)
```

実行すると、以下のような結果が得られます。

```
mixup
Epoch 1/200
390/390 [=] - 37s 95ms/step - loss: 4.8353 - acc: 0.0406 - val_loss: 4.4702
- val_acc: 0.0530

Epoch 00001: val_acc improved from -inf to 0.05300, saving model to mixup-model.h5
```

```
Epoch 2/200
390/390 [=] - 27s 70ms/step - loss: 4.5106 - acc: 0.0717 - val_loss: 4.1695
- val_acc: 0.0773

Epoch 00002: val_acc improved from 0.05300 to 0.07730, saving model to mixup-model.h5
Epoch 3/200
390/390 [=] - 26s 66ms/step - loss: 4.2962 - acc: 0.0976 - val_loss: 3.9252
- val_acc: 0.1087

......

Epoch 00198: val_acc did not improve from 0.68370
Epoch 199/200
390/390 [=] - 25s 65ms/step - loss: 2.1395 - acc: 0.6936 - val_loss: 1.2246
- val_acc: 0.6814

Epoch 00199: val_acc did not improve from 0.68370
Epoch 200/200
390/390 [=] - 25s 65ms/step - loss: 2.1472 - acc: 0.6908 - val_loss: 1.2257
- val_acc: 0.6806

Epoch 00200: val_acc did not improve from 0.68370
```

　実行結果のエポック-精度グラフとエポック-損失グラフは、図4-11のようになります。図4-11(a)を見ると、mixupにより、訓練のエポック-精度グラフもバリデーションのエポック-精度グラフも、100エポック以降はほぼ同じ精度に達していることがわかります。一方、図4-11(b)を見ると、mixupにより、エポック-損失グラフは100エポック以降ほぼ飽和しているものの、バリデーションのほうは訓

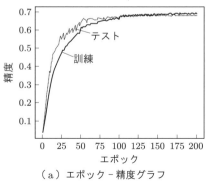
（a）エポック-精度グラフ

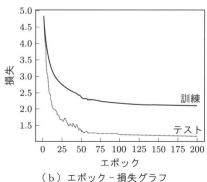
（b）エポック-損失グラフ

図 4-11　精度と損失の変化

練よりも損失が少ないことがわかります。

混合行列を図 4-12 に示します。ただし、`MixupDataGenerator` でクラスの推定を 3 回以上間違えた場合のみを示しています。

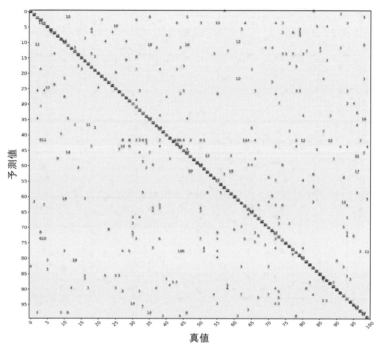

図 4-12　mixup によるデータオーグメンテーションの混合行列

4.3.6　手法の比較

これまでの結果から、オーグメンテーションなしの場合、`ImageDataGenerator` だけのデータオーグメンテーションを行う場合、加えて `MixupDataGenerator` を使ったデータオーグメンテーションを行う場合の精度と損失を比較してみます。ステップ関数による学習率の低減などのコールバック、その他のハイパーパラメータを同一にして、2 種類のデータオーグメンテーションする場合としない場合で、精度や損失にどの程度違いが出るかを、バリデーション部分だけ取り出して比較してみます。

図 4-13(a) から、データオーグメンテーションで 10%近く精度が向上しているこ

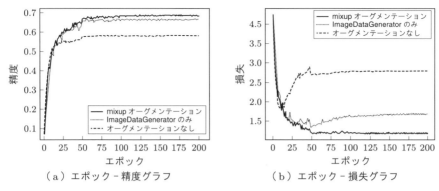

図 4-13　データオーグメンテーションする場合としない場合の精度と損失の比較

とがわかります。mixupにより、さらにわずかですが精度が向上していることもわかります。実際は`ImageDataGenerator`だけの場合は66.8%程度の精度でしたが、`MixupDataGenerator`で68.3%程度の精度を達成できています。もちろん、これらの値は実行するたびに乱数の影響で多少は変わりますが、10～200エポックの分類性能は、`ImageDataGenerator`より`MixupDataGenerator`のほうが1.5～2.5%程度高いことがわかります。

　図4-13(b)に示すエポック–損失グラフも同様で、データオーグメンテーションするほうが損失が低下しています。とくに、`ImageDataGenerator`と`MixupDataGenerator`の差は、エポック–損失グラフでより明確になります。図4-13(b)では、データオーグメンテーションしない場合、12エポック付近で損失の最小値を記録した後、その後損失が急激に上昇しています。一方、mixupによるデータオーグメンテーションする場合は、エポックの進行とともに徐々に損失が減っています。

106 第 4 章 実践編②：一歩進んだディープラーニングの技法

4.4 マルチラベル問題：ロイターニュース記事のトピック分類

3.3 節で、Twitter データに対してポジティブ、ネガティブ、ニュートラルの 3 値分類を行いました。このように、データを複数のクラスに分類する問題は、**マルチクラス分類**とよばれます。マルチクラス分類では、個々のデータはどれか一つのクラスにのみ所属します。これに対して、一つのデータが複数のクラスに所属する場合があります（たとえば経済問題、農業問題、国際問題すべてに言及したニュース記事などが考えられます）。このような問題は、**マルチラベル問題**とよばれます。マルチラベル問題は、マルチクラス問題を包含するので、これらをまとめてマルチラベル・マルチクラス問題とよばれることがあります。

この節では、ロイター (Reuters) のニュース記事を題材として、マルチラベル問題に取り組んでみます。

4.4.1 データの概要

ここで扱うニュース記事は、テキストマイニングの研究にしばしば使われてきたロイターのニュース記事（1987 年）です。個々のニュース記事は、SGML のタグつきデータとして提供されています。

ここでは、NLTK のロイターコーパスとして、あらかじめ訓練ニュース記事とテストニュース記事に分割されたデータを使います。このデータから、さらに訓練ニュース記事数が 20 以上ある、55 個のトピック[†1]（10700 ニュース記事）に絞り込み、伝統的な機械学習手法とディープラーニングでニュース記事を自動ラベルづけしてみます。実際のトピックのラベルと文書数は表 4-4 のようになります。

このデータはニュース記事総数が 21578 件あったため、Reuters-21578 とよばれます。Reuters-21578 の個々のニュース記事には、人手で付与されたラベルが一つ以上ついています。たとえば、あるニュース記事には、wheat（小麦）、grain（穀物）という二つのラベルがついていたり、gold（金）、silver（銀）、copper（銅）という三つのラベルがついていたりします。

---

†1 カテゴリーやクラスと同じ意味です。

4.4 マルチラベル問題：ロイターニュース記事のトピック分類 | 107

表4-4 ロイターニュース記事のラベルと文書数

	ラベル	文書数		ラベル	文書数
1	acq	2369	29	money-fx	717
2	alum	58	30	money-supply	174
3	barley	51	31	nat-gas	105
4	bop	105	32	oilseed	171
5	carcass	68	33	orange	27
6	cocoa	73	34	palm-oil	40
7	coffee	139	35	pet-chem	32
8	copper	65	36	rapeseed	27
9	corn	237	37	reserves	73
10	cotton	59	38	retail	25
11	cpi	97	39	rice	59
12	crude	578	40	rubber	49
13	dlr	175	41	ship	286
14	earn	3964	42	silver	29
15	fuel	23	43	sorghum	34
16	gas	54	44	soy-meal	26
17	gnp	136	45	soy-oil	25
18	gold	124	46	soybean	111
19	grain	582	47	strategic-metal	27
20	hog	22	48	sugar	162
21	housing	20	49	tin	30
22	interest	478	50	trade	485
23	ipi	53	51	veg-oil	124
24	iron-steel	54	52	wheat	283
25	jobs	67	53	wpi	29
26	lead	29	54	yen	59
27	livestock	99	55	zinc	34
28	meal-feed	49			

4.4.2 NLTKパッケージによる自然言語処理

　Kerasにもロイターニュース記事はついていますが[†1]、複数のラベルがついているわけではありません。そこで、独自に用意したニュース記事を用います。具体的には、PythonのNLTKパッケージで扱える独自のコーパスとしてデータを表現し

---

†1 `from keras.datasets import reuters` でロードできます。

ます。NLTK で扱えるコーパスは 50 種類[†1]程度で、ロイターもその中にあります。ここから、あとで述べる条件を満たす訓練とテストの記事を合計 10788 抽出します。さらに、合計の文書数が 20 を超える 55 個のカテゴリーだけ抽出します（このコーパスを以降、MA_Reuters とよぶことにします）。すると MA_Reuters は、訓練データが 7713 記事、テストデータが 2987 記事、の合計 10700 記事のコーパスになります。

　プログラム 4-21 のように、NLTK を使ってカスタマイズされたコーパスを読み出します。

プログラム 4-21　NLTK を使ったコーパスのロード (Reuters ①)

```python
from nltk.corpus.util import LazyCorpusLoader
from nltk.corpus.reader import *

# コーパスのロード
ma_reuters = LazyCorpusLoader(
    'ma_reuters', CategorizedPlaintextCorpusReader, '(training|test).*',
    cat_file='cats.txt', encoding='ISO-8859-2')

# MA_Reuters のロード
documents = ma_reuters.fileids()
print (str(len(documents)) + "_記事総数")
# 訓練とテストデータの文書 ID の抽出
train_docs_id = list(filter(lambda doc: doc.startswith("train"), documents))
test_docs_id = list(filter(lambda doc: doc.startswith("test"), documents))
print (str(len(train_docs_id)) + "_訓練データ")
print (str(len(test_docs_id)) + "_テストデータ")
# 訓練とテストデータの生データの抽出
train_docs = [ma_reuters.raw(doc_id) for doc_id in train_docs_id]
test_docs = [ma_reuters.raw(doc_id) for doc_id in test_docs_id]

# カテゴリーのリスト
categories = ma_reuters.categories()
num_categories = len(categories)
print (num_categories, "_カテゴリー")
print (categories)
```

　これを実行すると、

---

†1　https://www.nltk.org/nltk_data/

4.4　マルチラベル問題：ロイターニュース記事のトピック分類　　109

```
10700 記事総数
7713 訓練データ
2987 テストデータ
55 カテゴリー
['acq', 'alum', 'barley', 'bop', 'carcass', 'cocoa', 'coffee', 'copper',
 'corn', 'cotton', 'cpi', 'crude', 'dlr', 'earn', 'fuel', 'gas', 'gnp',
 'gold', 'grain', 'hog', 'housing', 'interest', 'ipi', 'iron-steel',
 'jobs', 'lead', 'livestock', 'meal-feed', 'money-fx', 'money-supply',
 'nat-gas', 'oilseed', 'orange', 'palm-oil', 'pet-chem', 'rapeseed',
 'reserves', 'retail', 'rice', 'rubber', 'ship', 'silver', 'sorghum',
 'soy-meal', 'soy-oil', 'soybean', 'strategic-metal', 'sugar', 'tin',
 'trade', 'veg-oil', 'wheat', 'wpi', 'yen', 'zinc']
```

という結果が得られます。記事総数、訓練データ数、テストデータ数、55 個のカテ
ゴリーが確認できます。

　たとえば、オレンジ (**orange**) のカテゴリーにある最初の記事は、プログラム 4-22
のように表示できます。

プログラム 4-22　オレンジのカテゴリーにある記事の表示 (Reuters ②)

```
1  category_docs = ma_reuters.fileids("orange");
2  document_id = category_docs[0]  # オレンジのカテゴリーにある最初の記事
3  # 記事の中身を表示
4  print (ma_reuters.raw(document_id))
```

実行結果は以下のようになります。

```
WEATHER HURTS ITALIAN ORANGES - USDA REPORT
  Unfavorable weather conditions during
  the second week of March caused damage to oranges in the
  Calabria region in southern Italy, the U.S. Agriculture
  Department's officer in Rome said in a field report.
      The report, dated April 3, said the region accounts for
  about 22,000 hectares of the Italian orange crop or about 26
  pct of total production.
      However, orange production in the region for marketing year
  1986/87 is forecast at 565,000 tonnes or 25 pct of the total
  Italian orange crop, it said.
      The report said trade contacts agree that about 15 pct of
  the orange output in Calabria was damaged by frost.
```

110 第 4 章 実践編②：一歩進んだディープラーニングの技法

4.4.3 テキストマイニングの基本的な概念

ニュース記事を取り出す準備ができましたので、次は個々のニュース記事のテキストデータを符号化します。

ロイターのニュース記事をどう符号化すればマルチラベル問題に好適なのかは、一般的にとても難しい問題です。歴史的には、「文書」は「単語の集まり」で表現されてきました。これは、**ベクトル文書モデル**や、単語の出現順序が関係ないことから **bag of words (BoW) モデル**とよばれています。

bag of words は「袋の中の単語」という意味ですから、取り出す順序は関係なく、どんな単語から文書ができているかだけが重要になります。仮に、すべてのニュース記事に現れる単語総数が 10000 とすると、各ニュース記事は 10000 次元のベクトルで表現できます。その際、たとえば、以下のような代表的な手法でベクトルの各要素を表現します。

- その単語がニュース記事内に出現すれば 1、出現しなければ 0 とする（**ブーリアンモデル**）
- その単語の出現回数をもとに、各ベクトルの要素を表す（**TF モデル**）
- その単語の出現回数と、全文書数/その単語が現れた文書数（その単語の珍しさ）を乗算した値で表す（**TF-IDF モデル**）

ブーリアンモデルは、単語があるかどうかで決まるのでシンプルですが、単語の頻度が無視されます。TF モデル (TF: term frequency) は、単語の頻度を考慮できるため、BoW モデルで比較的よく使われます。TF-IDF モデル (IDF: inverse document frequency) は、個々の文書だけでなく、文書全体を見渡し、全体的に頻度が少ない単語を強調するはたらきがあり、全体の中で貴重な単語を強調してくれます。BoW モデルの中では最も実用的です[†1]。

4.4.4 ストップワード処理

英語の文書処理を行い、単語抽出し、そこからベクトル表現を行う際に、**ストップワード** (stop word) の除去を同時に行います。ストップワードとは、非常に頻繁に

---

†1 scikit-learn パッケージには、英語のテキストデータを与えると TF-IDF モデルを返してくれる関数が備わっています。

4.4　マルチラベル問題：ロイターニュース記事のトピック分類　｜　111

使われる単語でありながら、その文書の内容表現には向かないもののことです。日本語の場合、「もの」「こと」のような内容を示さない名詞や、「の」のような接続詞などがこれに当たります。

4.4.5　トークン抽出

　プログラム 4-23 では、4.4.3〜4.4.4 項で説明した文書モデルやストップワードの処理を行います[†1]。プログラムで抽出する **token**（**トークン**）とは、単語に近い概念です。トークンには、名詞や動詞のような単語のほかに、"n't"（"don't" の末尾）のような表現も含まれます。TF-IDF モデルの重みは、プログラム 4-23 の 15 行目にあるように scikit-learn パッケージの **TfidfVectorizer** クラスを用いてベクトル化します。

プログラム 4-23　NLTK を用いたテキストのトークン抽出、scikit-learn を用いたテキストの TF-IDF モデル抽出 (Reuters ③)

```
1  from nltk import word_tokenize
2  import re
3
4  def tokenize(text):  # テキストをトークンに変換してリストで返す関数
5      min_length = 3
6      words = map(lambda word: word.lower(), word_tokenize(text))  # トークンは小
           文字に変換
7
8      p = re.compile('[a-zA-Z]+')  # 正規表現でマッチするものを取り出す
9      filtered_tokens = list(filter (lambda token: p.match(token) and len(token)
           >= min_length, words))
10     return filtered_tokens
11
12 from sklearn.feature_extraction.text import TfidfVectorizer
13
14 # TF-IDF 重みでベクトル化
15 vectorizer = TfidfVectorizer(stop_words='english', tokenizer=tokenize)
16 # 訓練データは fit_transform 関数で決められた語彙に基づき TF-IDF を計算
17 vectorised_train_documents = vectorizer.fit_transform(train_docs)
18 # テストデータは transform 関数で決められた語彙に基づき TF-IDF を計算
```

---

†1　ここで示すプログラムは、M. Martinez のブログ記事 (https://miguelmalvarez.com/2015/03/20/classifying-reuters-21578-collection-with-python-representing-the-data/) を参考にしています。

112 | 第 4 章　実践編②：一歩進んだディープラーニングの技法

```
19  vectorised_test_documents = vectorizer.transform(test_docs)
20  print("TF-IF モデルに変換しました")
21  print("訓練データの文書数 x 次元数 :",vectorised_train_documents.shape)
22  print("訓練データの文書数 x 次元数 :",vectorised_test_documents.shape)
```

これを実行すると、以下の結果が得られます。

```
TF-IF モデルに変換しました
訓練データの文書数 x 次元数： (7713, 26985)
訓練データの文書数 x 次元数： (2987, 26985)
```

実行結果からわかるように、全ロイターニュース記事が 26985 次元の TF-IDF モデルで重み付けされたベクトル文書モデルで表現できたことになります。

4.4.6　SVM による分類

ニューラルネットワークで分類する前に、伝統的な機械学習手法としてよく利用される SVM (support vector machine) を用いて分類してみます。プログラム 4-24 のように、scikit-learn パッケージにある **MultiLabelBinarizer** を用います。

プログラム 4-24　SVM による分類 (Reuters ④)

```
1   from sklearn.preprocessing import MultiLabelBinarizer
2   mlb = MultiLabelBinarizer()
3   train_labels = mlb.fit_transform([ma_reuters.categories(doc_id) for doc_id in
        train_docs_id])
4   test_labels = mlb.transform([ma_reuters.categories(doc_id) for doc_id in
        test_docs_id])
5
6   from sklearn.multiclass import OneVsRestClassifier
7   from sklearn.svm import LinearSVC
8   # マルチクラス・マルチラベル分類器で訓練と予測
9   OVR_classifier = OneVsRestClassifier(LinearSVC(random_state=41))
10  OVR_classifier.fit(vectorised_train_documents, train_labels)
11  OVR_predictions = OVR_classifier.predict(vectorised_test_documents)
12
13  import numpy as np
14  # Jaccard 係数の計算
15  from sklearn.metrics import jaccard_score
```

```
16  print ("Jaccard 係数による評価:",np.round(jaccard_score(test_labels,
        OVR_predictions, average='samples'),3))
17
18  # Hamming 損失の計算
19  from sklearn.metrics import hamming_loss
20  print ("Hamming 損失による評価:",np.round(hamming_loss(test_labels,
        OVR_predictions),3))
```

実行結果は以下のようになります。

```
Jaccard 係数による評価: 0.86
Hamming 損失による評価: 0.005
```

　プログラム 4-24 では、9 行目で scikit-learn にある **OneVsRestClassifier** 関数で、55 個のカテゴリーのそれぞれに属するかどうかを総当たりで判定します。属するかどうかの判断は、同じく 9 行目にある **LinearSVC** 関数で行っています。これは、通称 **LibLinear** とよばれる線形 SVM の一種です。

　実行結果の評価で登場する **Jaccard 係数**あるいは **Hamming 損失**は、マルチラベル問題の性能評価を行う指標です。いま、二つのラベル $\boldsymbol{y}_i$ と $\boldsymbol{y}_j$ があるとき、これらの二つのラベルの Jaccard 係数は、

$$J(\boldsymbol{y}_i, \boldsymbol{y}_j) = \frac{|\boldsymbol{y}_i \cap \boldsymbol{y}_j|}{|\boldsymbol{y}_i \cup \boldsymbol{y}_j|}$$

で表されます。また、Hamming 損失は n をデータの次元数として、以下の式で表せます。

$$H(\boldsymbol{y}_i, \boldsymbol{y}_j) = \frac{1}{n} \sum_{k=1}^{n} 1(\boldsymbol{y}_i[k] \neq \boldsymbol{y}_j[k])$$

　簡単な例で Jaccard 係数を計算してみます。たとえば、i 番目のニュース記事が 55 個のカテゴリーのうち 1 番目、3 番目、5 番目のカテゴリーに属するとします。その場合、$\boldsymbol{y}_i = [1,0,1,0,1,0,0,...,0]$ のように表現できます。また、j 番目のニュース記事が 1 番目、6 番目のカテゴリーに属するとします。その場合、$\boldsymbol{y}_j = [1,0,0,0,0,1,0,...,0]$ と表現できます。これら二つのデータから、Jaccard 係数の分母は 55、分子は 3 箇所以外すべて一致しているので 52 となり、全体で $52/55 \approx 0.945$ となります[1]。Hamming 損失もほぼ同様に計算でき、$3/55 \approx 0.054$ となります。

---

†1　要素 0 どうしの一致は考慮しない実装（すなわち、少なくともどちらか値が 1 となる部分だけを考慮する実装）もありますので注意してください。

114 | 第 4 章　実践編②：一歩進んだディープラーニングの技法

4.4.7　多層パーセプトロンによる分類

　同じ問題を多層パーセプトロンで分類してみましょう。TF-IDF モデルでベクト
ル化されているということは、ニュース記事に現れた単語の順序は考慮していない
ということです。順序が考慮されない場合は、全結合型ニューラルネットワークで
の処理が適しています。訓練データが 7000 程度で 55 個のカテゴリーなので、3 層
程度のネットワークとします。ネットワークの層の間では過学習を抑えるため、ド
ロップアウトを適宜適用します。

　上記の考え方を実現したのがプログラム 4-25 です。

プログラム 4-25　**MLP による分類** (Reuters ⑤)

```python
from keras.models import Model
from keras.layers import Input, Dense, Dropout
from keras.optimizers import RMSprop
BoW_dimension = vectorised_train_documents.shape[1]
NUM_CLASSES = 55

inputs = Input(shape=(BoW_dimension,))
x = Dense(512, activation='elu')(inputs)
x = Dropout(0.3)(x)
x = Dense(512, activation='elu')(x)
x = Dropout(0.3)(x)
outputs = Dense(NUM_CLASSES, activation='sigmoid')(x)
model = Model(inputs=[inputs], outputs=[outputs])

model.summary()

model.compile(
    loss='binary_crossentropy',  # 損失関数はバイナリ・クロスエントロピー
    optimizer='adam',  # 最適化手法は Adam
    metrics=['categorical_accuracy'])  # 測定は categorical_accuracy
```

　マルチラベル・マルチクラス問題の場合、Keras には、scikit-learn にあるよう
な Jaccard 係数あるいは Hamming 損失のような損失関数はありません。そこで、
compile 関数では、損失関数として binary_crossentropy を利用しています。
また、metrics には、categorical_accuracy を使用します。損失関数は、

$$L(\hat{y}, \boldsymbol{y}) = -\frac{1}{n} \sum_{i=1}^{n} [y_i \log \hat{y}_i + (1 - y_i) \log(1 - \hat{y}_i)]$$

と表現できます。ただし、n は次元数、$\hat{y}_i$ は予測ラベルの確率を表します。

実行結果は以下のようになります。重みパラメータが 1400 万程度であることがわかります。

```
Layer (type)                 Output Shape              Param #
=================================================================
input_1 (InputLayer)         (None, 26985)             0

dense_1 (Dense)              (None, 512)               13816832

dropout_1 (Dropout)         (None, 512)                0

dense_2 (Dense)             (None, 512)                262656

dropout_2 (Dropout)         (None, 512)                0

dense_3 (Dense)             (None, 55)                 28215
=================================================================
Total params: 14,107,703
Trainable params: 14,107,703
Non-trainable params: 0
```

この条件下で 40 エポック程度で学習を開始してみます。プログラム 4-26 で、プログラム 4-25 で定義したニューラルネットワークを訓練します。

プログラム 4-26　MLP の訓練開始 (Reuters ⑥)

```
1  batch_size = 128
2  epochs = 40
3
4  fpath = 'mlp-weights.{epoch:02d}-{loss:.4f}-{val_loss:.4f}.hdf5'
5  callbacks = [
6      keras.callbacks.ModelCheckpoint(fpath, monitor='val_loss', save_best_only=
          True),
7  ]
8
9  history = model.fit(
```

116 第 4 章 実践編②：一歩進んだディープラーニングの技法

```
10    vectorised_train_documents, train_labels,
11    batch_size=batch_size,
12    epochs=epochs,
13    verbose=1,
14    callbacks=callbacks,
15    validation_data=(vectorised_test_documents, test_labels))
```

　ここで、あとの比較のために、テストデータに対するエントロピー損失が最小の
場合に、訓練された重みパラメータを保存できるようなコールバックを設定してい
ます。マルチラベル問題の性質から、**train_labels** も **test_labels** もワンホッ
トベクトルではなく、**マルチホットベクトル**（1 となる要素を複数もつベクトル）に
なる点に注意しましょう。
　実行すると、

```
Train on 7713 samples, validate on 2987 samples
Epoch 1/40
7713/7713 [=] - 6s 720us/step - loss: 0.1939 - categorical_accuracy: 0.3157
- val_loss: 0.0702 - val_categorical_accuracy: 0.3629
Epoch 2/40
7713/7713 [=] - 3s 389us/step - loss: 0.0605 - categorical_accuracy: 0.5412
- val_loss: 0.0497 - val_categorical_accuracy: 0.6850
Epoch 3/40
7713/7713 [=] - 3s 401us/step - loss: 0.0431 - categorical_accuracy: 0.6947
- val_loss: 0.0390 - val_categorical_accuracy: 0.7412
Epoch 4/40
7713/7713 [=] - 3s 379us/step - loss: 0.0321 - categorical_accuracy: 0.7607
- val_loss: 0.0333 - val_categorical_accuracy: 0.7713
......
Epoch 38/40
7713/7713 [=] - 3s 370us/step - loss: 0.0057 - categorical_accuracy: 0.9076
- val_loss: 0.0250 - val_categorical_accuracy: 0.8711
Epoch 39/40
7713/7713 [=] - 3s 369us/step - loss: 0.0057 - categorical_accuracy: 0.9098
- val_loss: 0.0255 - val_categorical_accuracy: 0.8627
Epoch 40/40
7713/7713 [=] - 3s 358us/step - loss: 0.0056 - categorical_accuracy: 0.9069
- val_loss: 0.0254 - val_categorical_accuracy: 0.8671
```

のような結果が得られます。1 エポックあたり 3 秒程度で計算できていますので、
20〜40 程度のエポックなら、それほど時間がかからず計算できそうです。

エポック−精度グラフとエポック−損失グラフを描画すると、図 4-14 のようになります。SVM の `OneVsRestClassifier` 関数で機械学習を行った場合より、やや精度が向上していることがわかります。

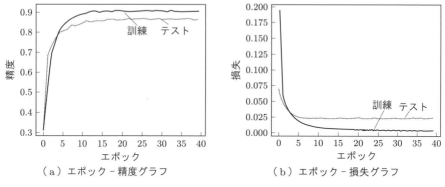

（a）エポック−精度グラフ　　　　　　（b）エポック−損失グラフ

図 4-14　精度と損失の変化

これを具体的なデータで確かめてみます。Jaccard 係数と、テストデータの `binary_crossentropy` で得られた精度とは意味が異なるので直接は比較できません。そこで、プログラム 4-27 のように、SVM での予測と多層パーセプトロンでの予測で結果が違うものを探すことにします。

プログラム 4-27　SVM での予測と MLP での予測の比較 (Reuters ⑦)

```
# TF-IDF モデルでベクトル化したデータをMLPで予測したときの確率
preds = model.predict(vectorised_test_documents)
total = vectorised_test_documents.shape[0]

THRESHOLD = 0.2
# MLPでの予測カテゴリーを格納する変数を用意
pred_class = np.zeros((total,NUM_CLASSES),dtype=int)
for i in range(total):
    array = np.array(preds[i])
    for j in range(NUM_CLASSES):
        if (array[j] > THRESHOLD):
            pred_class[i][j] = 1
        else:
            pred_class[i][j] = 0

    # SVMでの予測とMLPでの予測を比較
    value = (OVR_predictions[i] == pred_class[i]).all()
```

118 第 4 章　実践編②：一歩進んだディープラーニングの技法

```
18      if value == False:
19          print("No.",i)
20          print("Ground_Truth")
21          print(test_labels[i])
22          print("Machine_Learning_(SVM)")
23          print(OVR_predictions[i])
24          print("MLP")
25          print(pred_class[i])
26          for j in range(NUM_CLASSES):
27              if (test_labels[i,j]==1):
28                  print(categories[j])
29          print("-----------------------------")
```

これを実行すると、たとえば

```
No. 2
Ground Truth
[0 0 0 0 0 0 0 0 0 0 0 1 0 0 0 0 0 0 0 0 0 0 0 0 0 0 0 0 1 0
 0 0 0 0 0 0 0 0 0 0 0 0 0 0 0 0 0 0 0 0 0 0 0 0 0]
Machine Learning (SVM)
[0 0 0 0 0 0 0 0 0 0 0 1 0 0 0 0 0 0 0 0 0 0 0 0 0 0 0 0 0 0
 0 0 0 0 0 0 0 0 0 0 0 0 0 0 0 0 0 0 0 0 0 0 0 0 0]
MLP
[0 0 0 0 0 0 0 0 0 0 0 1 0 0 0 0 0 0 0 0 0 0 0 0 0 0 0 0 1 0
 0 0 0 0 0 0 0 0 0 0 0 0 0 0 0 0 0 0 0 0 0 0 0 0 0]
crude
nat-gas
-----------------------------
```

のような結果が得られます。これより、No. 2 のニュース記事に関しては実際の記事のカテゴリー (Ground Truth) と多層パーセプトロンの結果が一致していますが、SVM では一致していないことがわかります。なお、上記の 55 次元のベクトルは、表 4-4 のラベルの順番通りに並んでいます。

4.4.8　再帰型ニューラルネットワークによる分類

　次に、プログラム 4-28 のように、文書のデータ表現を変えて、出現する単語の順序を保持するデータ表現にしてみます。

4.4 マルチラベル問題：ロイターニュース記事のトピック分類 | 119

プログラム 4-28　ニュース記事からの単語の抽出とカウント (Reuters ⑧)

```
 1  # ニュース記事に現れる単語→インデックス辞書の作成
 2  import numpy as np
 3  from nltk import word_tokenize
 4  import collections
 5  import re
 6
 7  maxlen = 20   # 1文書に含まれる総単語数の上限を保持
 8  min_length = 3   # 1単語の文字数の最小値 (3文字以上の単語のみ残す)
 9  word_counter = collections.Counter()
10  docs = [train_docs, test_docs]
11
12  for document in docs:   # 単語の小文字化と抽出
13      num_data = len(document)
14      for i in range(num_data):
15          text = document[i]
16          words = map(lambda word: word.lower(), word_tokenize(text))
17          p = re.compile('[a-zA-Z]+')
18          filtered_tokens = list(filter (lambda token: p.match(token) and len(
            token) >= min_length, words))
19          if len(filtered_tokens) > maxlen:
20              maxlen = len(filtered_tokens)
21          for word in filtered_tokens:
22              word_counter[word] += 1
23
24  print("maxlen_=_",maxlen)
25  print("Word_count_=_", len(word_counter),'_',type(word_counter))
```

　ただし、TF-IDF モデルと対等に比較するため、プログラム 4-23 と同様の単語抽出方法（プログラム 4-23 の 4〜10 行目の **tokenize** 関数）を使って語彙数は同じ程度にしています。

　プログラム 4-28 を実行すると、

```
maxlen =  1094
Word count =  32662   <class 'collections.Counter'>
```

のような結果が返ってきます。これより、TF-IDF モデルと同様の語彙だけ残した場合、一つのニュース記事は、最大で 1094 単語で構成されることがわかります。

　プログラム 4-29 のように、順引き辞書と逆引き辞書を作成します。これは、プログラム 3-21 とほぼ同じです。

120 第 4 章 実践編② : 一歩進んだディープラーニングの技法

プログラム 4-29　順引き辞書と逆引き辞書の作成 (Reuters ⑨)

```
 1  print("語彙生成_creating_vocabulary...")
 2  VOCAB_SIZE = 25000  # ロイターニュース記事最大語彙の設定(25000を上限とする)
 3  word2index = collections.defaultdict(int)  # 順引き辞書の作成
 4  for wid, word in enumerate(word_counter.most_common(VOCAB_SIZE)):  # 頻度順に並
        び替え
 5      word2index[word[0]] = wid + 1
 6  vocab_sz = len(word2index) + 1
 7  # 逆引き辞書の作成
 8  index2word = {v:k for k, v in word2index.items()}
 9  index2word[0] = "_UNK_"  # 未知語の設定
10  print("len(word2index)_=_", len(word2index))
11  print("index2word[1]_=_",index2word[1])
```

これを実行すると、以下のような結果が得られます。最も頻度が高かった単語が
"the" だったことがわかります。

```
語彙生成 creating vocabulary...
len(word2index) =  25000
index2word[1] =  the
```

辞書ができたので、ここからは単語の出現順序を残す符号化を文単位で行ってい
きます。一文に現れる最大の単語数は、事前の調査で 818 単語とわかっているので、
プログラム 3-23 と同様にパディングを行います。

訓練データとテストデータを作成する部分はプログラム 3-23 と同様ですので、こ
こでは省略します。違いは、Twitter 専用のトークナイザではなく、ニュース記事
なので一般的なトークナイザ (**word_tokenize** 関数) を使う点です (プログラム
4-28 の 3 行目と 16 行目参照)。

プログラム 4-30 のように再帰型ニューラルネットワークを構築します。ここでは
CuDNNLSTM 層を中心にモデルを構築します。

プログラム 4-30　RNN の構築 (Reuters ⑩)

```
 1  from keras.layers import Dense, Dropout, SpatialDropout1D
 2  from keras.layers.core import Dense, Dropout, SpatialDropout1D
 3  from keras.layers.embeddings import Embedding
 4  from keras.models import Model
 5  from keras.layers import CuDNNLSTM, Input
 6  from keras.layers import Bidirectional
```

4.4 マルチラベル問題：ロイターニュース記事のトピック分類 | 121

```
 7  from keras import regularizers
 8
 9  NUM_CLASSES = 55
10  HIDDEN_LAYER_SIZE = 256
11
12  inputs = Input(shape=(maxlen,))
13  x = Embedding(vocab_sz, EMBED_SIZE, input_length=maxlen,
14                    weights=[embedding_weights],
15                    trainable=True)(inputs)
16  x = SpatialDropout1D(0.3)(x)
17  x = Bidirectional(CuDNNLSTM(HIDDEN_LAYER_SIZE,
18                        kernel_regularizer=regularizers.l2(1e-7)))(x)
19  x = Dense(512,activation="elu",
20              kernel_regularizer=regularizers.l2(1e-7))(x)
21  x = Dropout(0.4)(x)
22  outputs = Dense(NUM_CLASSES, activation="sigmoid")(x)
23  model2 = Model(inputs=[inputs], outputs=[outputs])
24
25  model2.summary()
```

実行すると以下のような結果となります。重みパラメータ数は950万弱で、Embedding層に810万、双方向のLSTM層に100万強あることがわかります。

```
Layer (type)                 Output Shape              Param #
=================================================================
input_2 (InputLayer)         (None, 1094)              0

embedding_1 (Embedding)      (None, 1094, 300)         8100300

spatial_dropout1d_1 (Spatial (None, 1094, 300)         0

bidirectional_1 (Bidirection (None, 512)               1142784

dense_4 (Dense)              (None, 512)               262656

dropout_3 (Dropout)          (None, 512)               0

dense_5 (Dense)              (None, 55)                28215
=================================================================
Total params: 9,533,955
Trainable params: 9,533,955
Non-trainable params: 0
```

122 | 第 4 章 実践編②：一歩進んだディープラーニングの技法

訓練はプログラム 4-26 と同様で、実行結果は以下のようになります。

```
Train on 7713 samples, validate on 2987 samples
Epoch 1/40
7713/7713 [=] - 21s 3ms/step - loss: 0.1104 - categorical_accuracy: 0.4131
- val_loss: 0.0559 - val_categorical_accuracy: 0.5644
Epoch 2/40
7713/7713 [=] - 18s 2ms/step - loss: 0.0549 - categorical_accuracy: 0.5902
- val_loss: 0.0462 - val_categorical_accuracy: 0.6441
Epoch 3/40
7713/7713 [=] - 18s 2ms/step - loss: 0.0479 - categorical_accuracy: 0.6282
- val_loss: 0.0422 - val_categorical_accuracy: 0.6930
Epoch 4/40
7713/7713 [=] - 18s 2ms/step - loss: 0.0407 - categorical_accuracy: 0.6830
- val_loss: 0.0354 - val_categorical_accuracy: 0.7258
Epoch 5/40
7713/7713 [=] - 18s 2ms/step - loss: 0.0353 - categorical_accuracy: 0.7218
- val_loss: 0.0313 - val_categorical_accuracy: 0.7573
......
Epoch 37/40
7713/7713 [=] - 19s 2ms/step - loss: 0.0025 - categorical_accuracy: 0.9057
- val_loss: 0.0227 - val_categorical_accuracy: 0.8791
Epoch 38/40
7713/7713 [=] - 18s 2ms/step - loss: 0.0023 - categorical_accuracy: 0.9098
- val_loss: 0.0236 - val_categorical_accuracy: 0.8768
Epoch 39/40
7713/7713 [=] - 19s 2ms/step - loss: 0.0023 - categorical_accuracy: 0.9095
- val_loss: 0.0232 - val_categorical_accuracy: 0.8775
Epoch 40/40
7713/7713 [=] - 18s 2ms/step - loss: 0.0023 - categorical_accuracy: 0.9090
- val_loss: 0.0237 - val_categorical_accuracy: 0.8775
```

4.4.9 　畳込み型ニューラルネットワークによる分類

最後に、1 次元の畳込み型ニューラルネットワークを使って分類してみます（プログラム 4-31）。畳込み型ニューラルネットワークは空間的な局所性の表現に優れていて、1 次元のテキストでは、出現する各単語の前後関係をある程度とらえることができます。

4.4 マルチラベル問題：ロイターニュース記事のトピック分類 | 123

プログラム 4-31 CNN の構築 (Reuters ⑪)

```
1  from keras.layers import Dropout, SpatialDropout1D
2  from keras.layers.convolutional import Conv1D
3  from keras.layers.embeddings import Embedding
4  from keras.layers.pooling import GlobalMaxPooling1D
5  from keras.layers import Input, Dense
6  from keras.models import Model
7
8  NUM_CLASSES = 55
9  NUM_FILTERS = 256
10 NUM_WORDS = 5
11
12 inputs = Input(shape=(maxlen,))
13 x = Embedding(vocab_sz, EMBED_SIZE, input_length=maxlen,
14               weights=[embedding_weights],  # 初期値をGoogleの分散表現にする
15               trainable=True)(inputs)
16 x = SpatialDropout1D(0.3)(x)
17 x = Conv1D(filters=NUM_FILTERS, kernel_size=NUM_WORDS, activation="elu")(x)
18 x = GlobalMaxPooling1D()(x)
19 x = Dense(512,activation="elu")(x)
20 x = Dropout(0.4)(x)
21 outputs = Dense(NUM_CLASSES, activation="sigmoid")(x)
22 model3 = Model(inputs=[inputs], outputs=[outputs])
23 model3.summary()
```

実行すると、以下のような結果となります。

```
Layer (type)                    Output Shape          Param #
=================================================================
input_3 (InputLayer)            (None, 1094)          0

embedding_2 (Embedding)         (None, 1094, 300)     8100300

spatial_dropout1d_2 (Spatial    (None, 1094, 300)     0

conv1d_1 (Conv1D)               (None, 1090, 256)     384256

global_max_pooling1d_1 (Glob    (None, 256)           0

dense_6 (Dense)                 (None, 512)           131584
```

124 | 第 4 章　実践編②：一歩進んだディープラーニングの技法

```
dropout_4 (Dropout)          (None, 512)              0
_____
dense_7 (Dense)              (None, 55)               28215
=================================================================
Total params: 8,644,355
Trainable params: 8,644,355
Non-trainable params: 0
```

　訓練はプログラム 4-26 と同様で、実行結果は以下のようになります。

```
Train on 7713 samples, validate on 2987 samples
Epoch 1/40
7713/7713 [=] - 7s 956us/step - loss: 0.1073 - categorical_accuracy: 0.4500
- val_loss: 0.0468 - val_categorical_accuracy: 0.7171
Epoch 2/40
7713/7713 [=] - 5s 621us/step - loss: 0.0453 - categorical_accuracy: 0.6826
- val_loss: 0.0340 - val_categorical_accuracy: 0.7466
Epoch 3/40
7713/7713 [=] - 5s 628us/step - loss: 0.0335 - categorical_accuracy: 0.7524
- val_loss: 0.0273 - val_categorical_accuracy: 0.7877
Epoch 4/40
7713/7713 [=] - 5s 617us/step - loss: 0.0257 - categorical_accuracy: 0.7949
- val_loss: 0.0228 - val_categorical_accuracy: 0.8165
Epoch 5/40
7713/7713 [=] - 5s 628us/step - loss: 0.0204 - categorical_accuracy: 0.8242
- val_loss: 0.0204 - val_categorical_accuracy: 0.8319
......
Epoch 37/40
7713/7713 [=] - 5s 638us/step - loss: 0.0016 - categorical_accuracy: 0.9096
- val_loss: 0.0212 - val_categorical_accuracy: 0.8704
Epoch 38/40
7713/7713 [=] - 5s 635us/step - loss: 0.0017 - categorical_accuracy: 0.9042
- val_loss: 0.0214 - val_categorical_accuracy: 0.8661
Epoch 39/40
7713/7713 [=] - 5s 633us/step - loss: 0.0016 - categorical_accuracy: 0.9111
- val_loss: 0.0206 - val_categorical_accuracy: 0.8631
Epoch 40/40
7713/7713 [=] - 5s 636us/step - loss: 0.0016 - categorical_accuracy: 0.9109
- val_loss: 0.0205 - val_categorical_accuracy: 0.8637
```

5

実践編③
さらに進んだ
フレームワークの使い方

第 3〜4 章で説明した以外にも、Keras はさ
まざまな使い方ができます。この章では、その
ような発展的な事例をいくつか紹介します。

5.1 3D形状データの分類と検索

3D形状データに関しては、これまで紹介したテキストや画像データと比べると、まだ自由に使えるものが少ないのが現状です。しかし、3Dプリンターや3Dモーションキャプチャーシステムなどの登場により、少しずつ使えるデータが増えています。この節では、3次元の畳込みを適用した3D形状データの分類と検索事例を紹介します。

5.1.1 データの概要と準備

ここで使用するのは、プリンストン大学が提供しているModelNet10[†1]というデータです。ModelNet10は3D CADデータで、10個のカテゴリーからなります。訓練データは3991個、テストデータが908個含まれています。図5-1にその一部を示します。

図5-1 ModelNet10の3次元データ（抜粋）

---

†1 https://modelnet.cs.princeton.edu/

5.1 3D 形状データの分類と検索 | 127

　機械学習を行う場合、メッシュデータ[†1]をもとに形状特徴量（高次元のベクトル）を定義し、10 個のカテゴリーに分離するように分類器を学習します。その後、テストデータがどのカテゴリーに最も近いかを判定します。

　3D 形状データの形状特徴量の代表的なデータ表現として、以下の 3 種類が知られています。

- メッシュデータを適当な平面に投影し、その集合で 3D 形状を表現する
- メッシュ上に多数の点群を発生させて、点群の集合で 3D 形状を表現する
- メッシュデータをボクセル（画像の画素に相当）に変換し、ボクセルにデータがあるかないかで 3D 形状を表現する

最後の方法は、自然に 3 次元の畳込みが利用できるため、ここではこの表現を使うことにします。ボクセルデータからディープラーニングを行う手法として、たとえば VoxNet とよばれる手法が知られています [13]。

　プログラム 5-1 のような Functional API で、3 次元の畳込み層 (3DCNN) を定義します。ネットワークの最後の層は全結合層とします。

プログラム 5-1　3DCNN を含むニューラルネットワークの定義 (Voxel ①)

```
 1  from keras.models import Model
 2  from keras.layers import Input, Dense, Flatten, Conv3D, MaxPooling3D
 3  from keras.layers import BatchNormalization
 4
 5  def voxelCNN (voxel=32, channel=1, nClass=10):
 6      inputs = Input(shape=(voxel, voxel, voxel, 1))
 7      x = Conv3D(32, 5, strides=(2,2,2), padding='valid',
 8                  activation='relu', name="conv3d_1")(inputs)
 9      x = BatchNormalization(name="bnorm_1")(x)
10      x = Conv3D(64, 3, padding='valid', activation='relu', name="conv3d_2")(x)
11      x = BatchNormalization(name="bnorm_2")(x)
12      x = MaxPooling3D(pool_size=(2,2,2), name="maxpool_1")(x)
13      x = Conv3D(64, 3, padding='same', activation='relu', name="conv3d_3")(x)
14      x = BatchNormalization(name="bnorm_3")(x)
15      x = Flatten(name="flatten")(x)
16      x = Dense(512, activation='relu', name="fc1")(x)
17      x = Dense(256, activation='relu', name="fc2")(x)
```

[†1]　3 次元モデルは、3 次元空間の頂点と面（多角形）として定義されています。これをメッシュデータ、あるいはポリゴンデータとよびます。

128 第 5 章 実践編③：さらに進んだフレームワークの使い方

```
18    outputs = Dense(nClass, activation='softmax', name="fc3")(x)
19    model = Model(inputs=[inputs], outputs=[outputs])
20    return model
```

　読み込むファイル名やグローバルなパラメータ（ボクセルサイズや分類クラス数）
は、プログラム 5-2 の **Args** クラスで設定しておきます。訓練された重みの一部を
あとで再利用するため、各層に名前をつけている点に注意してください。

プログラム 5-2　**各種パラメータの設定** (Voxel ②)

```python
1  class Args:
2      def __init__(self):
3          self.model_dir = 'trained'
4          self.model_name = 'voxnet'
5          self.data_filename = 'ModelNet10.npz'
6          self.data_dir = './ModelNet10/'
7          self.network = 'voxnet'
8          self.num_class = 10
9          self.num_voxel = 32
10         self.feature_dim = 256
11         self.num_epochs = 20
12         self.batch_size = 64
13         self.drop_prob_lm = 0.5
```

　次に、辞書形式の NumPy ファイルとして、ボクセルデータやそのラベルデータ
を事前に保存します（プログラム 5-3）。

プログラム 5-3　**データの事前保存** (Voxel ③)

```python
1  from keras.utils import np_utils
2  import numpy as np
3  # Args クラスの初期変数をセット
4  args = Args()
5  # データのロード
6  data = np.load(args.data_filename)
7  train_voxel = data['train_voxel']
8  train_label = data['train_label']
9  test_voxel = data['test_voxel']
10 test_label = data['test_label']
11 # チャネルデータとサンプル数をシェープに付加
12 train_voxel = train_voxel.reshape((-1,32,32,32,1))
```

5.1 3D 形状データの分類と検索 | 129

```
13  test_voxel = test_voxel.reshape((-1,32,32,32,1))
14  # ラベルをワンホットベクトルに変換
15  train_label_onehot = np_utils.to_categorical(train_label, args.num_class)
16  test_label_onehot = np_utils.to_categorical(test_label, args.num_class)
17  print(train_voxel.shape)
18  print(test_voxel.shape)
19  print(train_label_onehot.shape)
20  print(test_label_onehot.shape)
```

これを実行すると、

```
(3991, 32, 32, 32, 1)
(908, 32, 32, 32, 1)
(3991, 10)
(908, 10)
```

となり、1次元目のサンプル数に訓練データ（3991個）とテストデータ（908個）の数が正しく設定されていることがわかります。

5.1.2　3D CNN による分類

ボクセルデータを読み込めたら、プログラム 5-4 のように、プログラム 5-1 で定義した voxelCNN 関数を呼び出し、ニューラルネットワークを構築します。

プログラム 5-4　3D CNN の構築 (Voxel ④)

```
1  model = voxelCNN (args.num_voxel, 1, args.num_class)
2  model.summary()
3  # モデルをJSONへ保存
4  json_str = model.to_json()
5  open('json/Voxel-basic-model.json','w').write(json_str)
```

これを実行すると、以下のようになります。重みパラメータが約 740 万あることがわかります。また、ニューラルネットの構造は図 5-2 に示すようになります。

第 5 章 実践編③：さらに進んだフレームワークの使い方

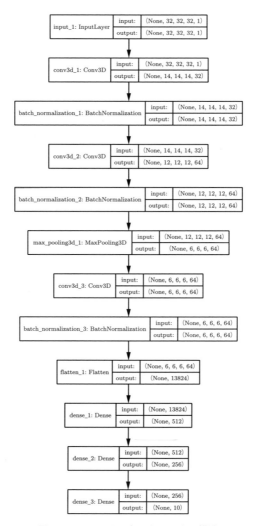

図 5-2 ニューラルネットワークの構造

```
Layer (type)                 Output Shape              Param #
=================================================================
input_1 (InputLayer)         (None, 32, 32, 32, 1)     0
_____
conv3d_1 (Conv3D)            (None, 14, 14, 14, 32)    4032
_____
batch_normalization_1 (Batch (None, 14, 14, 14, 32)    128
_____
conv3d_2 (Conv3D)            (None, 12, 12, 12, 64)    55360
```

5.1 3D 形状データの分類と検索 | 131

```
batch_normalization_2 (Batch (None, 12, 12, 12, 64)    256
_____
max_pooling3d_1 (MaxPooling3 (None, 6, 6, 6, 64)       0
_____
conv3d_3 (Conv3D)            (None, 6, 6, 6, 64)       110656
_____
batch_normalization_3 (Batch (None, 6, 6, 6, 64)       256
_____
flatten_1 (Flatten)          (None, 13824)             0
_____
dense_1 (Dense)              (None, 512)               7078400
_____
dense_2 (Dense)              (None, 256)               131328
_____
dense_3 (Dense)              (None, 10)                2570
=================================================================
Total params: 7,382,986
Trainable params: 7,382,666
Non-trainable params: 320
```

　プログラム5-5のようにモデルをコンパイルし、訓練を開始します。EarlyStopping
でエポック早期終了条件の設定し、ModelCheckpoint で精度 (val_acc) が最高
となる重みパラメータの保存しています。

プログラム 5-5　3D CNN のコンパイルと訓練 (Voxel ⑤)

```
 1  import keras
 2  model.compile(loss='categorical_crossentropy', optimizer='adam', metrics=['
        accuracy'])
 3
 4  fpath = 'h5/Vox-w-{epoch:02d}-{loss:.2f}-{acc:.2f}-{val_loss:.2f}-{val_acc:.2f
        }.h5'
 5  callbacks_list = [
 6      keras.callbacks.EarlyStopping( monitor='loss',patience=4, ), # 4エポック以
          上改善なければストップ
 7      keras.callbacks.ModelCheckpoint(fpath, monitor='val_acc', save_best_only=
          True),
 8  ]
 9  history = model.fit (train_voxel, train_label_onehot,
10                  batch_size=args.batch_size,
```

```
11                    verbose=1,
12                    epochs=args.num_epochs,
13                    callbacks=callbacks_list,
14                    validation_data=(test_voxel, test_label_onehot))
```

実行結果は以下のようになります。

```
Train on 3991 samples, validate on 908 samples
Epoch 1/20
3991/3991 [=] - 6s 1ms/step - loss: 0.6612 - acc: 0.8326 - val_loss: 0.6806
- val_acc: 0.8161
Epoch 2/20
3991/3991 [=] - 3s 709us/step - loss: 0.1972 - acc: 0.9401 - val_loss: 0.6066
- val_acc: 0.8414
......
Epoch 14/20
3991/3991 [=] - 3s 788us/step - loss: 0.0358 - acc: 0.9892 - val_loss: 0.5651
- val_acc: 0.8899
Epoch 15/20
3991/3991 [=] - 3s 726us/step - loss: 0.0268 - acc: 0.9902 - val_loss: 0.5793
- val_acc: 0.8910
Epoch 16/20
3991/3991 [=] - 3s 761us/step - loss: 0.0344 - acc: 0.9902 - val_loss: 0.6583
- val_acc: 0.8877
Test loss: 0.42596411091246794
Test accuracy: 0.8909691629955947
```

エポック−精度グラフとエポック−損失グラフは、図 5-3 のようになります。最大 20 回と設定したエポックでの学習では、テストデータの精度 (**val_acc**) も損失

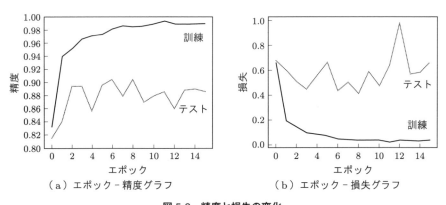

（a）エポック−精度グラフ　　　　（b）エポック−損失グラフ

図 5-3　精度と損失の変化

(val_loss) もエポックごとに上下していることから、過学習が発生していると考えられます。実際、16 エポックで早期終了していることが実行結果から観察されます。

プログラム 5-6 で、このモデルパラメータを呼び出してみます。また、検索で再利用するため、最高精度の重みを HDF5 形式で保存しておきます。

プログラム 5-6　精度が最高となる重みパラメータの呼び出し (Voxel ⑥)

```python
1  # JSONでモデルを再構築
2  from keras.models import model_from_json
3  json_file = open('json/Voxel-basic-model.json', 'r')
4  loaded_model_json = json_file.read()
5  json_file.close()
6  best_model = model_from_json(loaded_model_json)
7
8  # 精度が最高となるモデルパラメータを読み込む
9  best_model.load_weights("h5/Vox-w-09-0.04-0.99-0.42-0.91.h5")
10 print("最高精度のモデルの重みを設定しました")
11
12 # ベストモデルでテストデータを評価
13 best_model.compile(loss='categorical_crossentropy',
14                    optimizer='adam', metrics=['accuracy'])
15
16 score = best_model.evaluate(test_voxel, test_label_onehot, verbose=0)
17 print('テスト損失:{:.4f}'.format(scores[0]))
18 print('テスト精度:{:.4f}'.format(scores[1]))
19 best_model.save_weights('h5/Voxel-best_model-weights.h5')
```

実行すると以下のようになります。

```
最高精度のモデルの重みを設定しました
Test score: 0.415, accuracy: 0.905
```

上記の 3D CNN を含むニューラルネットワークで実行した結果の混合行列は、図5-4 のようになります。混合行列から、table（テーブル）と desk（机）、dresser（ドレッサー）と night_stand（ナイトスタンド）の間で誤分類が比較的多く発生していることがわかります。

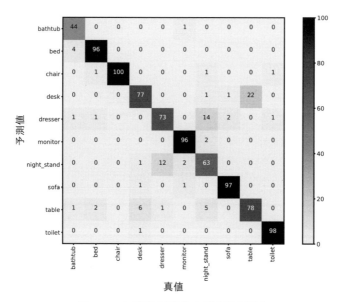

図 5-4 3D 形状の分類における混合行列

5.1.3 3D CNN による検索

ModelNet10 は 10 個のクラスをもつので、前項の分類では、最終層が 10 次元の出力をもつニューラルネットワークを用いました。検索の場合、形状を適切に表現できるより大きな次元の特徴量が好ましいので、最終層より 1 層前の全結合層の出力（図 5-2 参照）を用いて、すべてのデータを 256 次元の特徴量として表現してみます。

プログラム 5-7 は、訓練済みニューラルネットワークの重みを 5 行目でロードし、テストデータを 256 次元のベクトルで表現します。続いて、テストデータの一つを検索質問（**クエリ**）とし、テストデータ全体を対象として検索します[†1]。

プログラム 5-7 訓練済みの重みのロードと特徴量ベクトルの抽出 (Voxel ⑦)

```
1  import numpy as np
2  from scipy import spatial
3  from keras.models import Model
4  from keras.layers import Input, Dense, Flatten, Conv3D, MaxPooling3D
5  from keras.layers import BatchNormalization, Activation, Add
```

---

†1 訓練済みの重みを利用しているので、訓練データは検索対象にはできないことに注意してください。

5.1 3D 形状データの分類と検索 | 135

```python
6  from keras.utils import np_utils
7
8  def vox256(num_voxel=32, channel=1, feature_dim=256, num_class=12):
9      inputs = Input(shape=(num_voxel, num_voxel, num_voxel,1))
10     x = Conv3D(32, 5, strides=(2,2,2), padding='valid',
11                 activation='relu', name="conv3d_1")(inputs)
12     x = BatchNormalization(name="bnorm_1")(x)
13     x = Conv3D(64, 3, padding='valid',
14                 activation='relu', name="conv3d_2")(x)
15     x = BatchNormalization(name="bnorm_2")(x)
16     x = MaxPooling3D(pool_size=(2,2,2), name="maxpool_1")(x)
17     x = Conv3D(64, 3, padding='same',
18                 activation='relu', name="conv3d_3")(x)
19     x = BatchNormalization(name="bnorm_3")(x)
20     x = Flatten(name="flatten")(x)
21     x = Dense(512, activation='relu', name="fc1")(x)
22     outputs = Dense(256, activation='relu', name="fc2")(x)
23     model = Model(inputs=[inputs], outputs=[outputs])
24     return model
25
26  modelS = vox256(args.num_voxel, 1, args.feature_dim, args.num_class)
27  modelS.load_weights('h5/Voxel-best_model-weights.h5', by_name=True)
28  modelS.compile(loss='categorical_crossentropy', optimizer='adam', metrics=['
             accuracy'])
29  test256 = modelS.predict(test_voxel)
30  print(test256.shape)
31  num_test = test256.shape[0]
32
33  def cosine_similarity(a,b):
34      result = 1 - spatial.distance.cosine(a, b)
35      return result
36
37  dist = np.zeros((num_test), dtype=np.float)
38  TOP10 = 10
39  top10 = np.zeros((TOP10), dtype=np.int)
40  val10 = np.zeros((TOP10), dtype=np.float)
41
42  for i in range(num_test):
43      query = test256[i]  # クエリ
44      for j in range(num_test):
45          dist[j] = cosine_similarity(query, test256[j])
46
```

136 第 5 章　実践編③：さらに進んだフレームワークの使い方

```
47    top10 = np.argsort(dist)[::-1][0:TOP10]  # 検索上位10位のインデックス
48    val10 = np.sort(dist)[::-1][0:TOP10]  # 検索上位10位のコサイン類似度
49    print(i,"_", test_label[i],"_",test_s[i])
50    for k in range(TOP10):
51        print((k+1), "_=_",top10[k],"_","{0:4.3f}".format(val10[k]),"__",
              test_s[top10[k]])
52    print()
```

　プログラム 5-7 の前半で定義している **vox256** 関数は、プログラム 5-1 の **voxelCNN**
関数とほぼ同じですが、出力が 256 次元の **Dense** になっている点が異なります。27
行目の **load_weights** 関数で、分類の際に訓練したニューラルネットワークの重
みをロードし、利用しています。28 行目の **compile** 関数を適用した後、29 行目の
predict 関数でテストデータすべての 256 次元の特徴量を抽出しています。

　プログラム 5-7 を実行すると、出力のはじめは以下のようになります。左端の数
値はランキングです。

```
(908, 256)

0    5    ./ModelNet10/monitor/test/monitor_0493.off
1  =  0    1.000    ./ModelNet10/monitor/test/monitor_0493.off
2  =  545   0.994    ./ModelNet10/monitor/test/monitor_0467.off
3  =  419   0.991    ./ModelNet10/monitor/test/monitor_0518.off
4  =  260   0.989    ./ModelNet10/monitor/test/monitor_0512.off
5  =  524   0.988    ./ModelNet10/monitor/test/monitor_0480.off
6  =  338   0.986    ./ModelNet10/monitor/test/monitor_0530.off
7  =  602   0.986    ./ModelNet10/monitor/test/monitor_0502.off
8  =  549   0.986    ./ModelNet10/monitor/test/monitor_0532.off
9  =  823   0.982    ./ModelNet10/monitor/test/monitor_0564.off
10 =  649   0.982    ./ModelNet10/monitor/test/monitor_0537.off
```

　図 5-5 は検索結果です。クエリデータ（テストデータからランダムに選択）と検索
上位 5 位までのデータを表示しています。ただし、どちらのデータも、出力された
OFF ファイル[†1] を MeshLab というソフトでレンダリングしています。ここではコ
サイン類似度で計算していますが、ユークリッド距離に置き換えて小さい順（近い
順）にソートしても同様な結果が得られます。

　検索結果に対して情報検索の標準的な指標である Recall-Precision を計算してみ

---

†1　3 次元形状モデルの表現形式の一つ。詳細は https://en.wikipedia.org/wiki/OFF を参照。

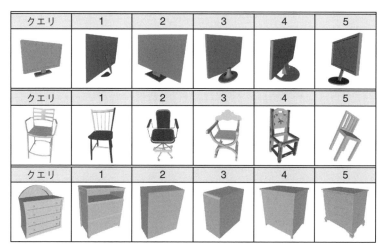

図 5-5　3D データの検索結果

ます。recall（再現率）と precision（適合率）とは、以下の式で定義されるもので、recall が検索漏れの少なさ、precision が検索間違いの少なさを評価する量です[†1]。

$$\mathrm{recall}(k) = \frac{k\text{番目までの正解の数}}{\text{検索対象にある正解の総数}}$$

$$\mathrm{precision}(k) = \frac{k\text{番目までの正解の数}}{\text{検索の総数}}$$

ただし、k は検索上位 k 番目を意味します。

　ModelNet10 ではテストデータは全体で 908 個あり、これら各々を検索質問とすると、質問自体を含め 908 個が検索対象となります。上式を用いて得られた、908 位までのランキング結果の recall 値と precision 値が、以下の NumPy 配列に計算されているとします[†2]。

```
recall_rank[k]   : [k 番目のクラスのモデル総数][908]
precision_rank[k]: [k 番目のクラスのモデル総数][908]
```

　この変数が与えられたと仮定して、グラフを描画してみます。908 個すべてのランキング結果から、それらの recall 値 R と precision 値 P をすべてプロットすると煩雑なグラフになってしまいます。そこで、R が 0.0, 0.1, ..., 1.0 となるときの P を計算し、これら 11 点を直線で結びます。情報検索分野では、このような**補間**

[†1] recall は再現率、precision は適合率ともよばれます。
[†2] `recall_rank[k]` を事前に計算しておく際、検索質問の属するクラスのデータ数が C 個だとすると、recall 計算の分母の「検索対象にある正解数」は、$(C-1)$ 個となることに注意してください。

recall-precision グラフを描画するのが通例です[14]。recall 値 R に対する precision 値は、以下のように求められます。

$$\text{precision}(R) = \max\{P' \,|\, R' \geq R \text{ かつ } (R', P') \in S\}$$

ただし、S は観測された (R, P) のペアの値です。プログラム 5-8 は、この 11 点補間 recall-precision を計算するもので、図 5-6 は、結果の補間 recall-precision グラフで、全体の平均と sofa と table のクラスを描画したものです。グラフが上にあるほど、検索性能が高いことを表します。

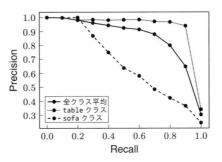

図 5-6　11 点補間 recall-precision グラフ

プログラム 5-8　11 点補間 recall-precision の計算 (Voxel ⑧)

```
import numpy as np
num_points = 11
num_classes = 10
s_recall = np.linspace(0.0, 1.0, num=num_points)
P = np.zeros((num_points), dtype=np.float)
P_all = np.zeros((num_classes,num_points), dtype=np.float)
for k in range(num_classes):
    print(classes[k])
    Precision = precision_rank[k]
    Recall = recall_rank[k]
    for (i,r) in enumerate(s_recall):
        x = np.where(Recall >= r)[0]
        y = Precision[x]
        interpolated_precision = np.max(y, 0)
        print("%.2f_%.5f" % (r, interpolated_precision))
        P_all[k][i] += interpolated_precision
        P[i] += interpolated_precision
    print()
```

```
19  P = P / num_classes
20  print("All_average")
21  for (i,r) in enumerate(s_recall):
22      print("%.2f_%.5f" % (r,P[i]))
```

実行結果の末尾は、以下のようになります。

```
All average
0.00 1.00000
0.10 0.98462
0.20 0.90027
0.30 0.88443
0.40 0.87338
0.50 0.85205
0.60 0.79043
0.70 0.70686
0.80 0.59280
0.90 0.44436
1.00 0.18866
```

5.1.4 ファインチューニングによるニューラルネットワーク構造の変更

第4章でファインチューニングを扱いましたが、ファインチューニングは画像分類に限らず使えます。ファインチューニングのスタートは、最初に訓練するネットワークの各層に名前をつけておくことでした。そこで、プログラム5-1で与えた構造に、ConvLSTM2D とよばれる層を3層追加してファインチューニングすることにします（図5-2参照）。ConvLSTM2D 層は、再帰型ニューラルネットワークの特徴である時間的局所性を活かしながらも、2次元的な畳込みを行い、空間的局所性もとらえる層です。ここでは図5-7のように、スタック式（連続して同じ層を続ける方式）で利用します[1]。

プログラム5-9では、ここで使用する ConvLSTM3D などを含むニューラルネットワークの層を定義しておきます。

---

[1] LSTM 系の層は、プログラム5-9に示すように1段だけでなく、2段、3段とスタック式で利用できます。

第 5 章 実践編③：さらに進んだフレームワークの使い方

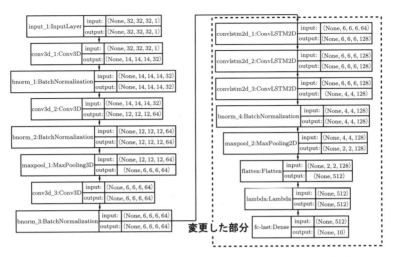

図 5-7 ニューラルネットワークの構造（ファインチューニング後）

プログラム 5-9 ファインチューニングによるニューラルネットワーク構造の変更 (Voxel ⑨)

```python
# 3段のConvLSTM2Dを含むニューラルネットワーク
# 3D畳込み層、再帰型ニューラルネット層、全結合層を利用
from keras.models import Model
from keras.layers import Input, Dense, Flatten
from keras.layers import Conv3D, MaxPooling3D, ConvLSTM2D
from keras.layers import BatchNormalization


def voxnet_finetune(num_voxel=32, channel=1, feature_dim=256, num_class=12):
    inputs = Input(shape=(num_voxel, num_voxel, num_voxel,1))
    x = Conv3D(32, 5, strides=(2,2,2), padding='valid',
               activation='relu', name="conv3d_1")(inputs)
    x = BatchNormalization(name="bnorm_1")(x)
    x = Conv3D(64, 3, padding='valid',
               activation='relu', name="conv3d_2")(x)
    x = BatchNormalization(name="bnorm_2")(x)

    x = MaxPooling3D(pool_size=(2,2,2), name="maxpool_1")(x)
    x = Conv3D(64, 3, padding='same',
               activation='relu', name="conv3d_3")(x)
    x = BatchNormalization(name="bnorm_3")(x)

    # ConvLSTM2Dを3段利用
    # 最初の2段ではシェープを合わせるためreturn_sequences=Trueを利用
    x = ConvLSTM2D(128,(3,3),
```

```
25                    padding='same',strides=(1,1),
26                    kernel_initializer='glorot_uniform',
27                    dropout=0.2, name="convlstm2d_1",
28                    return_sequences=True)(x)
29    x = ConvLSTM2D(128,(3,3),
30                    padding='same',strides=(1,1),
31                    kernel_initializer='glorot_uniform',
32                    dropout=0.2, name="convlstm2d_2",
33                    return_sequences=True)(x)
34    x = ConvLSTM2D(128,(3,3),
35                    padding='valid',strides=(1,1),
36                    kernel_initializer='glorot_uniform',
37                    dropout=0.2, name="convlstm2d_3",
38                    return_sequences=False)(x)
39    x = BatchNormalization(name="bnorm_4")(x)
40    x = MaxPooling2D(name="maxpool_2")(x)
41    x = Flatten(name="flatten")(x)
42    x = Lambda(lambda x: K.l2_normalize(x, axis=1), name="lambda")(x)
43
44    outputs = Dense(num_class, activation='softmax', name="fc-last")(x)
45    model = Model(inputs=[inputs], outputs=[outputs])
46    return model
```

24〜33 行目にある最初の二つの ConvLSTM2D 層は、そのあとにも Conv-LSTM2D 層があるため、入力シェープは 5 次元で固定する必要があります。このため、オプションで return_sequences=True を指定しています。34〜38 行目までの 3 層目の ConvLSTM2D 層では、このオプションを False にしています。すなわち、3 層目のシェープは 1 次元少なくなっています。図 5-7 を見れば、実際に (None,4,4,128) の 4 次元になっていることが確認できます。

プログラム 5-10 では、3D 形状の分類において、ファインチューニングを適用するためのモデルの設定（1〜3 行目）から、fit 関数での訓練開始（10〜15 行目）までを記述しています。とくに重要なのが、1 行目で構造を与えたあと、3 行目の load_weights 関数において by_name=True オプションで名前が一致する層だけに重みをロードするところです。ここで、プログラム 5-1 の構造で訓練した際に最高精度になる重みをロードしています。この重みを初期値としてファインチューニングします。

142 | 第 5 章 実践編③：さらに進んだフレームワークの使い方

プログラム 5-10 ファインチューニングによる 3D 形状の分類 (Voxel ⑩)

```
1  model2 = voxnet_finetune(32, 1, 256, 10)
2  model2.summary()
3  model2.load_weights('h5/VoxNet-best_basic-model-weights.h5', by_name=True)
4  model2.compile(loss='categorical_crossentropy', optimizer='adam', metrics=['
       accuracy'])
5  fpath = 'h5/VoxNet-ConvLSTM-w-{epoch:02d}-{loss:.2f}-{acc:.2f}-{val_loss:.2f
       }-{val_acc:.2f}.h5'
6  callbacks_list = [
7      keras.callbacks.EarlyStopping( monitor='loss',patience=5, ),
8      keras.callbacks.ModelCheckpoint(fpath, monitor='val_acc', save_best_only=
           True),
9  ]
10 history2 = model2.fit(train_voxel, train_label_onehot,
11                       batch_size=args.batch_size,
12                       verbose=1,
13                       epochs=args.num_epochs,
14                       callbacks=callbacks_list,
15                       validation_data=(test_voxel, test_label_onehot))
```

実行すると、

```
Layer (type)                 Output Shape             Param #
=================================================================
input_7 (InputLayer)         (None, 32, 32, 32, 1)    0
_____
conv3d_1 (Conv3D)            (None, 14, 14, 14, 32)   4032
_____
bnorm_1 (BatchNormalization) (None, 14, 14, 14, 32)   128
_____
conv3d_2 (Conv3D)            (None, 12, 12, 12, 64)   55360
_____
bnorm_2 (BatchNormalization) (None, 12, 12, 12, 64)   256
_____
maxpool_1 (MaxPooling3D)     (None, 6, 6, 6, 64)      0
_____
conv3d_3 (Conv3D)            (None, 6, 6, 6, 64)      110656
_____
bnorm_3 (BatchNormalization) (None, 6, 6, 6, 64)      256
_____
convlstm2d_1 (ConvLSTM2D)    (None, 6, 6, 6, 128)     885248
```

```
convlstm2d_2 (ConvLSTM2D)    (None, 6, 6, 6, 128)    1180160

convlstm2d_3 (ConvLSTM2D)    (None, 4, 4, 128)       1180160

bnorm_4 (BatchNormalization) (None, 4, 4, 128)       512

maxpool_2 (MaxPooling2D)     (None, 2, 2, 128)       0

flatten (Flatten)            (None, 512)             0

lambda (Lambda)              (None, 512)             0

fc-last (Dense)              (None, 10)              5130
=================================================================
Total params: 3,421,898
Trainable params: 3,421,322
Non-trainable params: 576
```

のようなモデルであることがわかります。

最初のモデル（約 740 万）に比べて、重みパラメータがほぼ半減（約 340 万）しています。通常、パラメータが少ないモデルでは精度を向上させるのは難しいですが、ファインチューニングとすることで数パーセント精度を向上できます。

エポックの進行に伴い、精度と損失は図 5-8 のように変化します。ある程度過学習が起こっていますが、バリデーションの精度は最高値で 0.93 を超えており、5.1.2 項で述べたモデルを使った場合より向上していることがわかります。

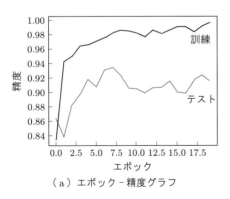
（a）エポック - 精度グラフ

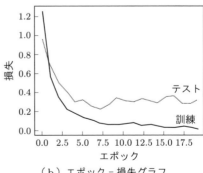
（b）エポック - 損失グラフ

図 5-8　精度と損失の変化

144 | 第 5 章 実践編③：さらに進んだフレームワークの使い方

5.2 多出力のニューラルネットワークを用いる ：映画の興行収入の分類・回帰

2.5 節で述べたように、Functional API を用いればディープラーニングの出力層を複数もたせることができます。ここでは、分類と回帰の 2 出力をもたせてみます。

5.2.1 データの概要

回帰問題の目的変数となる興行収入は、Box Office Mojo[†1] から入手します。ただし、Box Office Mojo には、興行収入を予測するためのヒントとなるデータはあまりありません。そこで、予測のヒントとなりそうな映画に関するデータ（回帰問題の説明変数の候補）は、別の Web サイトである The Internet Movie Database (IMDb)[†2]から入手することにします。ここでは、IMDb から得られた表 5-1 のデータを特徴量として、興行収入を予測することにします。この表からわかるように、特徴量は 14 種類で 19 次元（4 番目の特徴量は 6 種類あるため）あります。分類問題のカテゴリーは、表 5-2 のように映画数がほぼ等しくなるように分割します。

表 5-1 映画の興行収入の予測のための特徴量

1	監督
2	出演者
3	上映時間
4	MPAA（アメリカ映画協会）のレーティング
5	続編
6	初公開映画館数
7	出演者数
8	配給会社のマーケットシェア
9	ロケ地数
10	制作・配給にかかわる会社
11	サウンドトラック数
12	特殊効果にかかわる会社数
13	リメイク
14	小説ベース

---

†1 https://www.boxofficemojo.com/
†2 https://www.imdb.com/

5.2 多出力のニューラルネットワークを用いる：映画の興行収入の分類・回帰 | 145

表 5-2 映画のカテゴリー
（カッコ内は興行収入 [$\times 10^6$ 米ドル]）

カテゴリー	映画数
Hit1（〜0.2）	399
Hit2（0.2〜0.8）	386
Hit3（0.8〜2.8）	380
Hit4（2.8〜8）	389
Hit5（8〜17）	375
Hit6（17〜35）	382
Hit7（35〜70）	378
Hit8（70〜150）	368
Hit9（150〜）	369

　また、（ディープラーニングとしては少なめですが）2000〜2009 年に上演された 3115 作品を訓練データとし、2010 年に公開された 315 作品をテストデータとします。

5.2.2　データのロードと訓練

　プログラム 5-11 は、訓練データとテストデータを CSV ファイルから読み込む部分です。CSV から読み込まれるデータは、pandas パッケージによってデータフレーム形式で表現されます。

プログラム 5-11　データのロード (Movie ①)

```python
import csv
import codecs
import numpy as np
import pandas as pd

url_head = "http://www.tutarc.org/Seminar/Python/data/"
url_train = url_head +"trainMovie.csv"
url_test = url_head + "testMovie.csv"

cr_train = pd.read_csv(url_train)
cr_test = pd.read_csv(url_test)

# 訓練データからNumPy配列を作成
train_data = cr_train.values
print (type(train_data),train_data.shape)
```

146 | 第 5 章　実践編③：さらに進んだフレームワークの使い方

```
16  print (train_data[0])
17  num_train_data = numData = train_data.shape[0]
18  colNum = train_data.shape[1]-1
19  mycolumns = list(cr_train.columns.values)
20  print (mycolumns)
21  print()
22
23  # テストデータから NumPy 配列を作成
24  test_data = cr_test.values
25  print (type(test_data),test_data.shape)
26  print (test_data[0])
27  num_test_data = numDataT = test_data.shape[0]
28  colNumT = test_data.shape[1]-1
29  mycolumnsT = list(cr_test.columns.values)
```

実行すると、

```
<class 'numpy.ndarray'> (3111, 20)
[11.72440931 0.0 152 0 1 0 0 0 0 3672 66 0.12618 25 58 0 13 0 1 'Hit9']
['監督の値', '出演者の値', '上映時間', 'mpaa_G', 'mpaa_PG',
 'mpaa_PG-13', 'mpaa_R', 'mpaa_UR', 'mpaa_NC-17', '続編',
 '初公開映画館数','出演者数','配給会社のマーケットシェア', 'ロケ地数',
 '制作・配給に関わる会社数', 'サウンドトラック数', '特殊効果に関わる会社数',
 'リメイク', '小説ベース', 'Level']

<class 'numpy.ndarray'> (315, 20)
[10.38285347 11.66749444 103 1 0 0 0 0 0 1 4028 60 0.1275 0 27 5 1 0 0
 'Hit9']
```

のような結果が得られます。最後に表示されているのが、正規化される前のデータの 1 行目の中身です。

　表 5-2 に示した 9 段階の分類問題に帰着させるため、プログラム 5-12 に示すように、分類向けのデータの前処理を行います。この際、ラベルデータである 'Hit9' のような文字列を事前に分離しておく必要があります。ラベルは trainLabel と testLabel という変数に分離します。訓練データとテストデータは、それぞれ train と test という変数に分類します。回帰用のデータも同様に処理し、訓練データとテストデータをそれぞれ trainValue と testValue に設定します（プログラム 5-15 参照）。

5.2 多出力のニューラルネットワークを用いる：映画の興行収入の分類・回帰 | 147

プログラム 5-12　分類のヒット数を数字に変換 (Movie ②)

```
1  train = np.zeros((num_train_data,colNum), dtype=float)  # 訓練用データ
2  trainLabel = np.zeros(num_train_data,dtype=int)  # 訓練用ラベルデータ
3  num_levels = 9
4  for i in range(num_train_data):
5      line = train_data[i]
6      for j in range(colNum):
7          train[i,j] = float(line[j])
8      for k in range(num_levels):
9          kk = num_levels - k
10         strHit = 'Hit' + str(kk)
11         if line[colNum]==strHit:
12             trainLabel[i] = kk
13
14 test = np.zeros((num_test_data,colNum), dtype=float)  # テスト用データ
15 testLabel = np.zeros(num_test_data,dtype=int)  # テスト用ラベルデータ
16 for i in range(num_test_data):
17     line = test_data[i]
18     for j in range(colNum):
19         test[i,j] = float(line[j])
20     for k in range(num_levels):
21         kk = num_levels - k
22         strHit = 'Hit'+str(kk)
23         if line[colNum]==strHit:
24             testLabel[i] = kk
```

プログラム 5-13 で、分類のラベルをワンホットベクトルに変換します。

プログラム 5-13　分類のラベルをワンホットベクトルに変換 (Movie ③)

```
1  import keras
2  oneHot_trainLabel = keras.utils.to_categorical(trainLabel, num_levels)
3  oneHot_testLabel  = keras.utils.to_categorical(testLabel, num_levels)
4  print(oneHot_trainLabel.shape, oneHot_trainLabel[0])
5  print(oneHot_testLabel.shape, oneHot_testLabel[0])
```

実行すると、以下のような結果が得られます。

```
(3111, 9) [0. 0. 0. 0. 0. 0. 0. 0. 1.]
(315, 9) [0. 0. 0. 0. 0. 0. 0. 0. 1.]
```

1箇所のみ 1 となり、ほかの箇所はゼロとなっていることがわかります。さらに、訓

148 | 第 5 章　実践編③：さらに進んだフレームワークの使い方

練データのシェープが **(3111,9)**、テストデータのシェープが **(315,9)** であることがわかります。

プログラム 5-14 のように、Functional API を使って 2 出力ニューラルネットワークを構築します。

プログラム 5-14　2 出力ニューラルネットワークの構築 (Movie ④)

```
1  from keras.models import Model
2  from keras.layers import Input, Dense, BatchNormalization
3  num_levels = 9
4  num_features = 19
5
6  input = Input(shape=(num_features,))
7  x = BatchNormalization()(input)
8  x = Dense(64, activation='relu')(x)
9  x = BatchNormalization()(x)
10 box_office = Dense(1,name='box_office')(x)  # 興行収入を出力
11 box_office_level = Dense(num_levels, activation='softmax',
12                          name='level')(x)  # レベルを出力
13 model = Model(input, [box_office, box_office_level])  # 2出力を結合
14 model.summary()
```

実行すると、以下の結果が得られます。重みパラメータは 2000 程度であることがわかります。

```
Layer (type)                    Output Shape        Param #    Connected to
=================================================================================================
input_1 (InputLayer)            (None, 19)          0

batch_normalization_1 (BatchNor (None, 19)          76         input_1[0][0]

dense_1 (Dense)                 (None, 64)          1280       batch_normalization_1[0][0]

batch_normalization_2 (BatchNor (None, 64)          256        dense_1[0][0]

box_office (Dense)              (None, 1)           65         batch_normalization_2[0][0]

level (Dense)                   (None, 9)           585        batch_normalization_2[0][0]
=================================================================================================
Total params: 2,262
Trainable params: 2,096
```

Non-trainable params: 166

プログラム 5-15 のように、コンパイルと訓練を実行します。注意すべきは、コンパイルにおいて、box_office（回帰問題）の損失を mse（平均 2 乗誤差）とし、level（分類問題）の損失を categorical_crossentropy として、回帰問題と分類問題の二つの出力をもつニューラルネットワークの重みを同時に学習していることです。さらに、損失関数の重み配分を loss_weights というコンパイルのパラメータの中で 10:1 と配分している点にも注意してください。同様に、fit 関数内のパラメータで 2 出力とする処理は、5 行目の正解データを、回帰用に box_office というキー変数でその値を trainValue とし、分類用に level というキー変数でその値を oneHot_trainLabel とし、2 種類用意しています[1]。テストデータも同様に 2 種類用意しています。

プログラム 5-15　コンパイルと訓練 (Movie ⑤)

```
 1  model.compile(optimizer='adam',  # 2種類の損失関数
 2      loss={'box_office':'mse', 'level':'categorical_crossentropy'},
 3      loss_weights={'box_office':10., 'level':1.})
 4  history = model.fit(train,
 5      {'box_office':trainValue, 'level':oneHot_trainLabel},
 6      epochs=15, batch_size=32,
 7      verbose=1,
 8      validation_data=(test,
 9      {'box_office':testValue, 'level':oneHot_testLabel})
10                      )
```

実行すると、

```
Train on 3111 samples, validate on 315 samples
Epoch 1/15
3111  loss: 1608.7848 - box_office_loss: 160.6707 - level_loss: 2.0782 - val_loss:
877.7941 - val_box_office_loss: 87.5952 - val_level_loss: 1.8422
Epoch 2/15
3111  loss: 513.8853 - box_office_loss: 51.2063 - level_loss: 1.8219 - val_loss:
174.4534 - val_box_office_loss: 17.2730 - val_level_loss: 1.7231
Epoch 3/15
```

---

[1]　データ形式は Python の辞書形式で、キーと値のペアとして出力の数だけ与えます。全体としては、付録 A にある JSON 形式となります。

150 | 第 5 章　実践編③：さらに進んだフレームワークの使い方

```
3111  loss: 119.7878 - box_office_loss: 11.8035 - level_loss: 1.7528 - val_loss:
51.0978 - val_box_office_loss: 4.9418 - val_level_loss: 1.6802
Epoch 4/15
3111  loss: 60.2388 - box_office_loss: 5.8516 - level_loss: 1.7227 - val_loss:
38.7985 - val_box_office_loss: 3.7149 - val_level_loss: 1.6494
Epoch 5/15
3111  loss: 44.9395 - box_office_loss: 4.3243 - level_loss: 1.6961 - val_loss:
36.4652 - val_box_office_loss: 3.4828 - val_level_loss: 1.6373
Epoch 6/15
3111  loss: 38.1305 - box_office_loss: 3.6451 - level_loss: 1.6798 - val_loss:
31.1759 - val_box_office_loss: 2.9554 - val_level_loss: 1.6216
Epoch 7/15
3111  loss: 33.1785 - box_office_loss: 3.1508 - level_loss: 1.6709 - val_loss:
32.2995 - val_box_office_loss: 3.0689 - val_level_loss: 1.6105
Epoch 8/15
3111  loss: 31.3325 - box_office_loss: 2.9674 - level_loss: 1.6588 - val_loss:
26.8726 - val box office_loss: 2.5270 - val_level_loss: 1.6028
Epoch 9/15
3111  loss: 29.5066 - box_office_loss: 2.7850 - level_loss: 1.6564 - val_loss:
25.1613 - val_box_office_loss: 2.3554 - val_level_loss: 1.6075
Epoch 10/15
3111  loss: 28.2810 - box_office_loss: 2.6634 - level_loss: 1.6472 - val_loss:
26.4221 - val_box_office_loss: 2.4822 - val_level_loss: 1.5999
Epoch 11/15
3111  loss: 27.0065 - box_office_loss: 2.5365 - level_loss: 1.6412 - val_loss:
24.0002 - val_box_office_loss: 2.2413 - val_level_loss: 1.5875
Epoch 12/15
3111  loss: 26.2741 - box_office_loss: 2.4652 - level_loss: 1.6217 - val_loss:
28.1993 - val_box_office_loss: 2.6611 - val_level_loss: 1.5879
Epoch 13/15
3111  loss: 25.4537 - box_office_loss: 2.3823 - level_loss: 1.6304 - val_loss:
26.5157 - val_box_office_loss: 2.4931 - val_level_loss: 1.5847
Epoch 14/15
3111  loss: 24.4028 - box_office_loss: 2.2782 - level_loss: 1.6208 - val_loss:
23.8109 - val_box_office_loss: 2.2222 - val_level_loss: 1.5889
Epoch 15/15
3111  loss: 23.9514 - box_office_loss: 2.2340 - level_loss: 1.6111 - val_loss:
22.9552 - val_box_office_loss: 2.1395 - val_level_loss: 1.5607
```

のようになります。出力が二つあることは、図 5-9 からも直感的に理解できます。
　プログラム 5-15 の実行では、15 エポック反復しています。図 5-10(a) が分類問
題としてのエポック−損失グラフです。14 エポックを過ぎても損失が減り続けてい

5.2 多出力のニューラルネットワークを用いる：映画の興行収入の分類・回帰

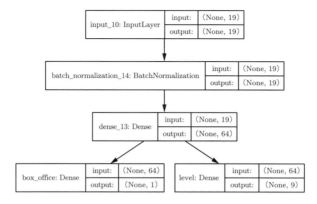

図 5-9　ニューラルネットワークの構造

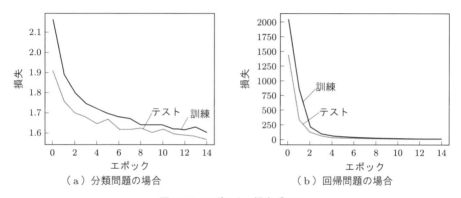

（a）分類問題の場合　　　　　　　　　（b）回帰問題の場合

図 5-10　エポック–損失グラフ

るものの、ほぼ飽和状態であることがわかります。

一方、回帰問題としてのエポック–損失グラフは、図 5-10(b) のようになります。6 エポック程度で最小の損失に落ち着き安定していることがわかります。

5.2.3　テストデータの予測

作成したモデルを使って、プログラム 5-16 でテストデータを予測をしてみます。

プログラム 5-16　テストデータの予測 (Movie ⑥)

```
1  predicted, predicted_class = model.predict(test, batch_size=32)
2  # 確率が最大となる範囲
3  y_pred = np.argmax(predicted_class, axis=1)
4  actual = testLabel
```

分類結果を混合行列で評価したのが、図 5-11 です。図からわかるように、興行収入を九つの連続する「収入範囲」に分割しているので、隣接する「範囲」に誤判定しているケースが目立ちますが、上下左右の 1 隣接の誤判定を許容すれば、かなりよい精度であると考えられます。

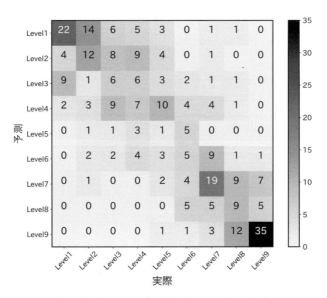

図 5-11　映画興行収入の分類問題の混合行列

最後に、プログラム 5-17 のように分類精度の計算をします。

プログラム 5-17　分類精度の計算 (Movie ⑦)

```
1  classes = ['Level1', 'Level2', 'Level3', 'Level4', 'Level5','Level6','Level7',
            'Level8','Level9']
2  cm = confusion_matrix(y_pred, actual)
3  sumAll = float(np.sum(cm))
4  diagonalAll = float(np.sum(np.diagonal(cm)))
5  print ("分類精度 = ",np.round(diagonalAll/sumAll,4))
6  s1,s2=0,0
7  for i in range(2,9):
8      s1 += cm[i-1,i]
9      s2 += cm[i,i-1]
10 print (" (1隣接まで許容した場合の) 分類精度 = ",(s1+s2+diagonalAll)/sumAll)
```

実行結果は以下のようになります。

5.2 多出力のニューラルネットワークを用いる：映画の興行収入の分類・回帰 | 153

```
分類精度 = 0.3460
（1隣接まで許容した場合の）分類精度 = 0.6476
```

　回帰問題としての評価はプログラム 5-18 のように、MSE（平均 2 乗誤差）と**寄与率**で与えることができます。MSE は 0.0 に近いほどよい回帰を意味し、寄与率は 1.0 に近いほどよい回帰を意味します。ここでは具体的なイメージがつかめるように、三つの映画の興行収入と予測精度を計算します。

プログラム 5-18　回帰精度の計算 (Movie ⑧)

```python
1  from sklearn.metrics import mean_squared_error
2  from sklearn.metrics import r2_score
3  MSE_SVR = mean_squared_error(testValue, predicted)
4  print ("MSE_=_",MSE_SVR)
5  r2 = r2_score(predicted, testValue)
6  print ("R2_=_",r2)
7  print ("\n 予測例")
8  list = [0, 5, 9]  # 適当に選択した三つの映画のインデックス
9  for i in list:
10     print ("*************")
11     print (title[i].decode('utf-8'))
12     print ("予測された興行収入",np.round(predicted[i][0],3))
13     print ("実際の興行収入",np.round(testValue[i],3))
```

実行結果は以下のようになります。

```
MSE =  2.080793632794112
R2 =  0.6574539394530072


予測例
*************
Toy Story 3
予測された興行収入 18.61
実際の興行収入 20.785
*************
The Twilight Saga: Eclipse
予測された興行収入 20.387
実際の興行収入 20.364
*************
Chance Pe Dance
予測された興行収入 13.861
実際の興行収入 12.17
```

5.2.4 ランダムフォレストで特徴量の重要度を調べる

回帰問題で重要なのは、どの特徴量が最も有効だったかを探ることです。ニューラルネットワークの場合、一つの特徴量を抜き取り、残りの特徴量で実験したとき、どの程度精度が下がるかという計算を特徴量の数だけ繰り返す必要があります。しかし、伝統的な機械学習である**ランダムフォレスト** (random forest) を使うと、全部の特徴量の重要度を一度に素早く探ることができます[1]（プログラム 5-19）。

```
プログラム 5-19  ランダムフォレストで重要度を計算 (Movie ⑨)
1  from sklearn.ensemble import RandomForestRegressor
2  r_forest = RandomForestRegressor(random_state=0, n_jobs=-1)
3  r_fit = r_forest.fit(trainR, trainValue)
4  importances = r_forest.feature_importances_  # 特徴量の重要度
5  indices = np.argsort(importances)[::-1]  # 重要度の大きい順に特徴量をソート
6  imp_label = []
7  for f in range(trainR.shape[1]):
8      imp_label.append(mycolumns[indices[f]])
9      print(("%2d)_%-*s_%f" % (f + 1, 30,
10                               mycolumnsT [indices[f]],
11                               importances[indices[f]])))
12 print()
13 r_predicted = r_forest.predict(testR)
14 MSE = mean_squared_error(testValue, r_predicted)
15 print ("MSE_=_",np.round(MSE,4))
16 r2 = r2_score(r_predicted, testValue)
17 print ("R2_=_",np.round(r2,4))
```

プログラム 5-19 で得られる重要度（変数 `importances`）を寄与の大きかった順に描画すると、図 5-12 のようになります。この図では、上位 12 種類のみを示しています。結果を見ると、「初公開映画館数」の寄与が圧倒的に大きかったことがわかります。

---

[1] この重要度は、ニューラルネットワークで特徴量を抜き取って調べたときのものと一致します。

5.2 多出力のニューラルネットワークを用いる：映画の興行収入の分類・回帰 | 155

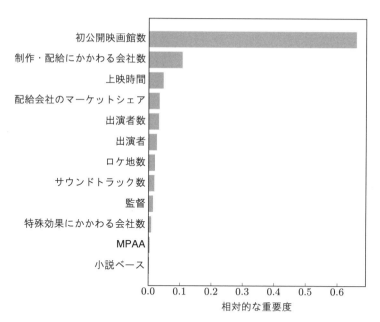

図 5-12　映画の興行収入の予測に有効だった特徴量（上位 12 種類）

156 | 第 5 章 実践編③：さらに進んだフレームワークの使い方

5.3 機械学習とディープラーニングを組合わせる ：植物画像の分類

ディープラーニングでは、特徴量を意識しないでも十分な精度が出るという利点がありますが、すべてのケースがそうではありません。たとえば、訓練データが十分でなかったり、使える GPU メモリが比較的少なかったりする場合、十分な精度が出ないことがあります。このような場合、VGG16 や VGG19 などの中規模な層数の訓練済みニューラルネットワークと伝統的なハンドクラフト特徴量を混合すると、精度を向上できる場合があります。

ここでは、第 4 章で分類した植物画像や構築したニューラルネットワークを念頭に、伝統的な機械学習による複数のハンドクラフト特徴量を多入力ニューラルネットワークの形態で合成し、どのように精度が向上するかを見ていきます。

5.3.1 色テクスチャー特徴量による分類

最初に、伝統的な機械学習手法で植物画像を分類してみます。ここでは、単純な色とテクスチャーに基づく特徴量を与えます。

最も素朴に色を定義する方法は、RGB の各チャネルで 8 ビット、合計 24 ビットのフルカラーで表現することです。ここでは簡単のため、RGB の各チャネルで 2 ビット、合計 6 ビットのヒストグラムを作成するとします。プログラム 5-20 のように、chist 関数で色特徴量を与えます。

プログラム 5-20 色ヒストグラムを生成する関数の定義 (Plant ①)

```
 1  import numpy as np
 2
 3  def chist(im):
 4      # 色ヒストグラム (chist: color histogram)
 5      # パラメータ (im: ndarray (RGB image))
 6      # 出力 (c: ndarray (1-D array of histogram values))
 7
 8      # ピクセル値を 64 値にダウンサンプル
 9      im = im // 64
10
11      # RGB チャネルを分離 (G->B->R の順に並ぶので注意)
12      r,g,b = im.transpose((2,0,1))
```

5.3 機械学習とディープラーニングを組合わせる：植物画像の分類 | 157

```
13
14      pixels = 1 * r + 4 * g + 16 * b   # ピクセル値を6ビット (bbggrr)で再構成
15      # 64個のビンのヒストグラムを生成し、ピクセル値でカウントアップ
16      hist = np.bincount(pixels.ravel(), minlength=64)
17      hist = hist.astype(float)
18      return np.log1p(hist)
```

　色だけでは識別できないことが多いため、さらにテクスチャー特徴量を考えます（ここでのテクスチャーとは、ある画素の上下左右に隣接する画素との組み合わせで生じるパターンです[1]）。ここでは、Haralick テクスチャー特徴量を用います。この特徴量は、ある画素に着目し、その上下左右の画素の輝度を見た統計量に基づく 52 次元の特徴量を与えてくれます。プログラム 5-21 のように、**h_texture** 関数でテクスチャー特徴量を計算します[2]。

```
プログラム 5-21   テクスチャー特徴量を生成する関数の定義 (Plant ②)

1  import mahotas as mh
2  import numpy as np
3
4  def h_texture(im):  # テクスチャー特徴量
5      # テクスチャー (texture)
6      # パラメータ (im: ndarray (RGB image))
7      # 出力 (c: ndarray (1-D array of texture statistical values))
8      img = mh.colors.rgb2grey(im).astype(np.uint8)
9      chk = mh.features.haralick(img).ravel()  # テクスチャー特徴量をベクトルに平坦化
10     return chk
```

　次に、プログラム 5-22 のように、色特徴量とテクスチャー特徴量を連結する関数を定義します。

```
プログラム 5-22   色特徴量とテクスチャー特徴量を連結する関数の定義 (Plant ③)

1  def features_for(im):
2      im = mh.imread(im)
3      cch = chist(im)
4      chk = h_texture(im)
```

---

[1] このようなパターンを生成する方法は、画像を信号と解釈してフーリエ変換などを通して信号を周波数空間に変換して定義する方法、隣接する画素のパターンを符号化する局所バイナリパターンを用いる方法など、さまざまな手法が提案されています。

[2] ここで紹介するプログラムの一部は、W. Richert の著書 [15] を参考にしています。

158 第 5 章 実践編③：さらに進んだフレームワークの使い方

```
5
6       f_f = np.concatenate([chk, cch])  # 特徴量を連結
7       return f_f
```

　プログラム 5-23 のように、訓練データからこの連結特徴量 (以降、色テクスチャー
特徴量とよびます) を抽出します。プログラム 4-1 で定義したジェネレータをルー
プ処理で毎回呼び出していることに注意してください。

プログラム 5-23　訓練データから色テクスチャー特徴量を抽出 (Plant ④)

```
1   print('訓練データの色テクスチャー特徴量計算開始...')
2   train_ifeatures = []
3   train_labels = []
4   count = 0
5   for im, ell in train_images():  # 訓練データ処理用のジェネレータを呼び出す
6       train_ifeatures.append(features_for(im))
7       train_labels.append(ell)
8       count += 1
9       if (count % 400 == 0):
10          print("訓練データの色テクスチャー特徴量 processing...",count,"images...")
11  # 訓練データの色テクスチャー特徴量を NumPy 形式に変換
12  train_ifeatures = np.array(train_ifeatures)
13  # 訓練データの植物の種類を表すラベルを保持
14  train_labels = np.array(train_labels)
```

　これを実行すると、たとえば

```
訓練データの色テクスチャー特徴量計算開始...
訓練データの色テクスチャー特徴量 processing  400   images...
訓練データの色テクスチャー特徴量 processing  800   images...
訓練データの色テクスチャー特徴量 processing  1200  images...
```

のような結果が得られます。

　テストデータに対しても、プログラム 5-24 のように同様に計算しておきます。

プログラム 5-24　テストデータから色テクスチャー特徴量を抽出 (Plant ⑤)

```
1   print('テスト画像のテクスチャー特徴量計算開始...')
2   test_ifeatures = []
3   test_labels = []
4   for im, ell in test_images():  # テストデータ処理用のジェネレータを呼び出す
```

5.3 機械学習とディープラーニングを組合わせる：植物画像の分類 | 159

```
5      test_ifeatures.append(features_for(im))
6      test_labels.append(ell)
7
8  # テストデータの色テクスチャー特徴量を NumPy 形式に変換
9  test_ifeatures = np.array(test_ifeatures)
10 # テストデータの植物種類を表すラベルを保持
11 test_labels = np.array(test_labels)
```

　プログラム 5-24 で得られた特徴量をもとに、ニューラルネットワークを構築・訓練し、テストデータである未知の植物画像のクラスをどの程度正しく推定できるかを見ていきます。ここでは、プログラム 5-25 に示すように、入力が 116 次元（色特徴量 64 次元＋テクスチャー特徴量 52 次元）で、その後 32 次元のデータを出力する全結合層と、その 32 次元のデータを入力とし、出力が 20 クラスの全結合層の 2 層からなるシンプルなニューラルネットワークを使って訓練することにします。

プログラム 5-25　色テクスチャー特徴量によるニューラルネットワークの構築と訓練 (Plant ⑥)

```
1  from keras.models import Sequential
2  from keras.layers import BatchNormalization
3  from keras.layers.core import Dense, Activation
4  from keras.utils import np_utils
5  import numpy as np
6
7  NB_CLASSES = 20
8  NB_INPUTS = 116
9  NB_HIDDEN = 64
10 NB_BATCH = 32
11 NB_EPOCHS = 100
12
13 i_model = Sequential()
14 i_model.add(Dense(NB_HIDDEN,input_dim=NB_INPUTS))
15 i_model.add(BatchNormalization())
16 i_model.add(Activation('relu'))
17 i_model.add(Dense(NB_CLASSES,activation='softmax'))
18 i_compile = i_model.compile(optimizer='adam',
19                             loss='categorical_crossentropy',
20                             metrics=['accuracy'])
21 my_label = np_utils.to_categorical(train_labels, NB_CLASSES)
22 my_test_labels = np_utils.to_categorical(test_labels, NB_CLASSES)
23 i_fit = i_model.fit(train_ifeatures, my_label, epochs=NB_EPOCHS,
```

160 第 5 章　実践編③：さらに進んだフレームワークの使い方

```
24                         batch_size=NB_BATCH,
25                         validation_data=(test_ifeatures,my_test_labels))
26  # 色テクスチャー特徴量でのモデルと重みを HDF5 形式で保存
27  i_model.save('Plants-i-Features.h5')
28  i_model.save_weights('Plants-i-Features-weights.h5')
```

　これを実行すると、たとえば

```
Epoch 1/100
1400/1400 [=] - 1s 648us/step - loss: 3.0608 - acc: 0.0764 - val_loss: 3.0489
- val_acc: 0.0650
Epoch 2/100
1400/1400 [=] - 0s 226us/step - loss: 2.8637 - acc: 0.1186 - val_loss: 2.9848
- val_acc: 0.1050
......
Epoch 99/100
1400/1400 [=] - 0s 195us/step - loss: 1.6464 - acc: 0.4857 - val_loss: 2.1173
- val_acc: 0.3850
Epoch 100/100
1400/1400 [=] - 0s 194us/step - loss: 1.7016 - acc: 0.4779 - val_loss: 2.6708
- val_acc: 0.3150
```

のような結果が得られます。色テクスチャー特徴量だけでは、30〜40％程度の分類
精度しか出ないことがわかります。

　プログラム 5-26 のように、テストデータの色テクスチャー特徴量に基づいて、テ
ストデータの各画像が 20 種類のどの植物に最も近いかを表す確率を計算し、その値
をファイルに保存します。

プログラム 5-26　色テクスチャー特徴量からテストデータの所属確率を計算 (Plant ⑦)

```
1   # テストデータの所属クラス ID (0-19)
2   i_pred = i_model.predict_classes(test_ifeatures, batch_size=32, verbose=1)
3   # テストデータのクラスへの所属確率
4   i_pred_P = i_model.predict(test_ifeatures)
5   print(i_pred_P)
6   # テストデータのクラスへの所属確率を NumPy 形式で保存
7   np.save('Plants-i-Feature-Prob.npy',i_pred_P)
8
9   # 色テクスチャー特徴量だけでの平均分類精度の計算
10  scores = i_model.evaluate(test_ifeatures,my_test_labels, verbose=0)
11  print("分類精度：色テクスチャー特徴量_=_",scores[1])
```

これを実行すると、たとえば

　　分類精度：色テクスチャー特徴量　=　0.315

のような結果が得られます。

　最後に、色テクスチャー特徴量だけでの 20 種類の植物の分類精度を混合行列を可視化すると、図 5-13 のようになります。特定のクラスで予測値と真値が間違っていることがわかります。

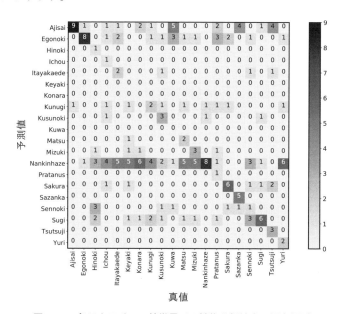

図 5-13　色テクスチャー特徴量での植物分類精度の混合行列

5.3.2　BoVW 特徴量による分類

　BoVW (bag of visual words) 特徴量は、大域的な色テクスチャー特徴量とは対照的に、局所的な特徴量です。BoVW 特徴量を使う場合も、特徴量を計算したあとは、同様の処理（2 層程度の全結合型ニューラルネットワーク）で分類できます。

　ここでは SURF 特徴量[†1]とよばれる特徴量をベースとし、BoVW 特徴量を画像ごとに抽出します。処理の流れは以下のようになります。

[†1]　SURF 特徴量は、画像のラプラシアンとよばれる微分演算、すなわち、周辺の画素との輝度差に基づく局所的な特徴量です。

162 第 5 章 実践編③：さらに進んだフレームワークの使い方

1. 訓練データすべてについて SURF 特徴量（通常 64 次元または 128 次元）を計算する。この際、各画像の SURF 特徴量が何であったかをひもづけしておく。

2. 得られたすべての SURF 特徴量を全体を k 個のクラスターに分ける（クラスタリングする）。必要であればサブサンプリングする。

3. 個々の訓練データに戻り、その画像から事前に計算されていたすべての SURF 特徴量を k 個のクラスターの頻度ヒストグラムで表現した BoVW 特徴量を生成して、これを画像のデータ表現とする。

ここでは簡単のため、データ数はもとのデータの 1/64 とします。SURF 特徴量は、プログラム 5-27 のように mahotas パッケージ[†1]を使って計算します。

```
プログラム 5-27　SURF 特徴量の計算 (Plant ⑧)

1   from mahotas.features import surf
2
3   print('SURF 特徴量を計算開始...')
4   train_descriptors = []
5   count = 0
6   for im,_ in train_images():
7       im = mh.imread(im, as_grey=True)
8       im = im.astype(np.uint8)
9       count += 1
10      if (count % 300 == 0):  # 300画像処理するたびに表示
11          print("SURF 特徴量_processing_",count,"_images...")
12      # SURF 特徴量を計算してリストに追加
13      train_descriptors.append(surf.surf(im, descriptor_only=True))
14
15  print('SURF 特徴量_計算完了._length=',len(train_descriptors))
16  # リストを NumPy 配列に変換
17  concatenated = np.concatenate(train_descriptors)
18  print('記述子の次元:_{}'.format(len(concatenated)))
```

6 行目は、ジェネレータにより、対象となる画像ファイル名を取得しています。7 行目の imread で画像を読み込んでいます。8 行目の astype(np.uint8) では、もともとカラー画像だったものを 8 ビットの符号なし整数、すなわち白黒画像に変換しています。SURF 特徴量の計算は 13 行目で行っています。mahotas パッケージの場合、画像中の SURF 特徴量一つあたり 64 次元の特徴量がデフォルトで返って

---

†1　https://mahotas.readthedocs.io/en/latest/

きます。この 64 次元の特徴量は、17 行目の np.concatenate で連結しています。

ここで得られた SURF 特徴量をもとに、プログラム 5-28 のように scikit-learn パッケージを使ってクラスタリングをします。

プログラム 5-28　SURF 特徴量をクラスタリング (Plant ⑨)

```
 1  from sklearn.cluster import KMeans
 2  import pickle
 3
 4  k = 256
 5  km = KMeans(k)
 6
 7  concatenated = concatenated[::64] # 64個ずつのベクトルだけ用いて高速化
 8  print('1/64個の記述子の次元:_{}'.format(len(concatenated)))
 9
10  print('k-means でクラスタリング...')
11  kmeans_fit = km.fit(concatenated)
12
13  # k-means の結果を Pickle 形式で保存
14  pickle.dump(km, open('K-means-model.pkl','wb'))
15  pickle.dump(kmeans_fit, open('K-means-model-fit.pkl','wb'))
```

クラスター数は、4 行目にあるように 256 個に固定しています。ただし、全画像ファイルの全 SURF 特徴量を一挙に混ぜてクラスタリングするのはとても重たい処理となってしまいます。そこで、7 行目の concatenated[::64] というリストのスライシング処理でサブサンプリングします。具体的には [::64] のところで、リストからデータを 64 個おきに取り出しています。すなわち、1/64 のサイズにサブサンプリングしてクラスタリングを実行しています。k-means の本体は 11 行目の km.fit という関数です。

実行すると、

```
k-means でクラスタリング...
記述子の次元: 18629
```

のような結果が得られます。このことから、画像ファイルすべての SURF 特徴量は、119 万点程度（18629 点の 64 倍）あることがわかります。

ここで得られた 256 個のクラスターをもとに、プログラム 5-29 のように BoVW 特徴量を抽出します。

164 第 5 章 実践編③：さらに進んだフレームワークの使い方

プログラム 5-29　画像から BoVW 特徴量を抽出 (Plant ⑩)

```
1  train_bovw_features = []
2  test_bovw_features = []
3  k = 256
4  for d in train_descriptors:
5      c = km.predict(d)
6      train_bovw_features.append(np.bincount(c, minlength=k))
7
8  for d in test_descriptors:
9      c = km.predict(d)
10     test_bovw_features.append(np.bincount(c, minlength=k))
11
12 # 訓練データのBoVW特徴量（ヒストグラム）
13 train_bovw_features = np.array(train_bovw_features, dtype=float)
14 print ('訓練時の BoVW 特徴量のシェープ = ',train_bovw_features.shape)
15
16 # テストデータのBoVW特徴量（ヒストグラム）
17 test_bovw_features = np.array(test_bovw_features, dtype=float)
18 print ('テスト時の BoVW 特徴量のシェープ = ',test_bovw_features.shape)
```

5 行目の **predict** 関数で、局所特徴量を抽出していたもとの画像に戻って、その画像内に含まれる SURF 特徴量がどのクラスターに含まれるかを判定します。判定結果で i 番目のクラスターとわかったら、256 個のヒストグラムの i 番目のビンに加算します。こうすることで、画像ごとに 256 次元のヒストグラムの頻度分布が得られ、これがその画像の BoVW 特徴量となります。画像ファイルが N 枚あれば、N 個の 256 次元ベクトルの BoVW 特徴量が得られることになります。

プログラム 5-30 のように、これまでに求めた画像あたりの 256 次元の BoVW 特徴量を入力とし、20 クラスを出力とする 2 層の全結合型ニューラルネットワークで訓練を行います。比較のため、色テクスチャー特徴量のときと構成をほぼ同じにしています。最適化手法で得られる重みパラメータなどは HDF5 形式で保存しておきます。

プログラム 5-30　BoVW 特徴量によるニューラルネットワークの訓練 (Plant ⑪)

```
1  from keras.models import Sequential
2  from keras.layers import Dense, Dropout, Activation
3  from keras.utils import np_utils
4  import numpy as np
```

5.3　機械学習とディープラーニングを組合わせる：植物画像の分類 | 165

```
5
6   NB_CLASSES = 20
7   NB_INPUTS = 256
8   NB_HIDDEN = 64
9   NB_BATCH = 32
10  NB_EPOCHS = 100
11
12  bovw_model = Sequential()
13  bovw_model.add(Dense(NB_HIDDEN,input_dim=NB_INPUTS))
14  bovw_model.add(Activation('relu'))
15  bovw_model.add(BatchNormalization())
16  bovw_model.add(Dense(NB_CLASSES,activation='softmax'))
17  bovw_compile = bovw_model.compile(optimizer='adam',
18                                    loss='categorical_crossentropy',
19                                    metrics=['accuracy'])
20  my_label = np_utils.to_categorical(train_labels, NB_CLASSES)
21  my_test_labels = np_utils.to_categorical(test_labels, NB_CLASSES)
22  bovw_fit = bovw_model.fit(train_bovw_features, my_label,
23                            epochs=NB_EPOCHS, batch_size=NB_BATCH,
24                            validation_data=(test_bovw_features,my_test_labels))
25  # BoVW特徴量でのモデルと重みをHDF5形式で保存
26  bovw_model.save('h5/Plants-BoVW-Features.h5')
27  bovw_model.save_weights('h5/Plants-BoVW-Features-weights.h5')
```

これを実行すると、たとえば

```
Epoch 1/100
1400/1400 [=] - 1s 982us/step - loss: 3.5481 - acc: 0.0807 - val_loss: 3.4940
- val_acc: 0.0800
Epoch 2/100
1400/1400 [=] - 0s 295us/step - loss: 2.9750 - acc: 0.1543 - val_loss: 3.0851
- val_acc: 0.1350
Epoch 3/100
......
Epoch 99/100
1400/1400 [=] - 0s 276us/step - loss: 0.0380 - acc: 0.9900 - val_loss: 4.0644
- val_acc: 0.4950
Epoch 100/100
1400/1400 [=] - 0s 278us/step - loss: 0.0220 - acc: 0.9936 - val_loss: 4.0369
- val_acc: 0.4900
```

のような結果が得られます。最終エポックの精度 (**val_acc**) を見ても、色テクス

チャー特徴量よりは、かなり精度が向上していることがわかります。

最終層の全結合層からは、色テクスチャー特徴量と同様に、**softmax** 関数を通してテストデータの各画像が 20 種類のどの植物に最も近いかを表す確率が得られるので、これをプログラム 5-31 のように NumPy 形式でファイルに保存しておきます。

プログラム 5-31　BoVW 特徴量からテストデータの所属確率を計算 (Plant ⑫)

```
1  # テストデータの所属クラス ID (0-19)
2  bovw_pred = bovw_model.predict_classes(test_bovw_features, batch_size=32,
    verbose=1)
3  # テストデータのクラスへの所属確率
4  bovw_pred_P = bovw_model.predict(test_bovw_features)
5  print(bovw_pred_P)
6  # テストデータのクラスへの所属確率を NumPy 形式で保存
7  np.save('Plants-BoVW-Feature-Prob.npy',bovw_pred_P)
8
9  # BoVW 特徴量での平均分類精度の計算
10 scores = bovw_model.evaluate(test_bovw_features,my_test_labels, verbose=0)
11 print("分類精度：BoVW 特徴量 = {:.4f}'.format(scores[1]))
```

これを実行すると、テストデータに関しては、たとえば

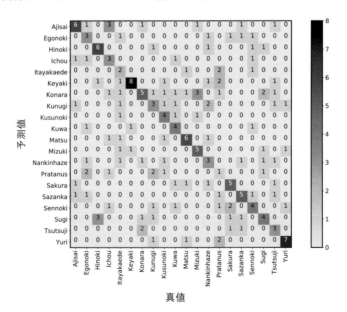

図 5-14　BoVW 特徴量での植物分類精度の混合行列

5.3 機械学習とディープラーニングを組合わせる：植物画像の分類 | 167

```
分類精度：BoVW 特徴量 = 0.435
```

という結果が得られます。色テクスチャー特徴量に基づく分類精度 (0.315) よりは
10%以上精度が高いことがわかります。混合行列は図 5-14 のようになります。

5.3.3 色テクスチャー特徴量と BoVW 特徴量をミックス

5.3.1～5.3.2 項で述べた 2 種類のハンドクラフト特徴量をミックスすると、さらに
分類精度を上げられる場合があります。ここでは、プログラム 5-32 のように、プロ
グラム 5-26 と 5-31 から得られる確率の要素積でミックスします[†1]。

プログラム 5-32　色テクスチャー特徴量と BoVW 特徴量のミックス (Plant ⑬)

```
1   NB_TEST = 200
2   NB_CLASSES = 20
3   # 色テクスチャー特徴量とBoVW特徴量の積をとる
4   mix_pred_P = i_pred_P * bovw_pred_P
5   total = len(actual)
6
7   # ワンホットベクトルの計算
8   mix_pred = np.zeros((NB_TEST, NB_CLASSES),dtype=int)
9   for i in range(total):
10      my = np.argmax(mix_pred_P[i])
11      mix_pred[i][my] = 1
12
13  # 未知なテスト画像の確率値の計算
14  mix_prediction = np.zeros((NB_TEST),dtype=int)
15  for i in range(NB_TEST):
16      my = np.argmax(mix_pred[i])
17      mix_prediction[i] = my
18
19  np.save('Plants-mix-feature_Prob.npy', mix_pred_P)
20
21  # 色テクスチャー特徴量とBoVW特徴量との混合特徴量の全体的な平均精度を計算
22  count = 0
23  for i in range(total):
24      if actual[i] == np.argmax(mix_pred[i]):
25          count += 1
```

---

†1　ほかにも、確率の和をとり平均する、最大値をとるなど、さまざまなミックス方法があります。

168 | 第 5 章　実践編③：さらに進んだフレームワークの使い方

```
26  accuracy = float(count)/total
27  print("分類精度：色テクスチャー特徴量とBoVW特徴量のミックス_=_", np.round(accuracy,4))
```

これを実行すると、たとえば

分類精度：色テクスチャー特徴量と BoVW 特徴量のミックス ＝ 0.535

のような結果が得られます。色テクスチャー特徴量や BoVW 特徴量だけの場合と
比べて分類精度が上がっていることがわかります。

5.3.4　DNN 特徴量をミックス

　4.1 節で述べた、VGG16 の訓練済みニューラルネットを用いた DNN 特徴量を、
この節で説明した機械学習から得られる特徴量とミックスしてみます。入出力デー
タを与えただけで得られる DNN 特徴量だけでも 85%近い分類精度が出ていました
ので、ある意味ではこれだけでもかなり実用的な精度として活用できますが、特徴
量のミックスにより、さらに高い分類精度を出せることがあります。
　さまざまなミックス手法がありますが、ここでは 2 種類を紹介します。

■ 要素積でミックス

　プログラム 5-32 と同様に、モデルの **predict** 関数で得られた 20 種類の植物の
所属確率の要素積でミックスしてみます（プログラム 5-33）。

プログラム 5-33　要素積でミックス (Plant ⑭)

```
1   # ハンドクラフト特徴量 (BoVW+色テクスチャー特徴量)とDNN特徴量を要素積でミックス
2   merged_pred_P = mix_pred_P * a_pred_P
3
4   # ワンホットベクトルの計算
5   merged_pred = np.zeros((NB_TESTS, NB_CLASSES),dtype=int)
6   for i in range(total):
7       my = np.argmax(merged_pred_P[i])
8       merged_pred[i][my] = 1
9
10  # ミックス特徴量の平均精度
11  count = 0
12  total = len(actual)
13  for i in range(total):
```

5.3 機械学習とディープラーニングを組合わせる：植物画像の分類 | 169

```
14      if actual[i] == np.argmax(merged_pred[i]):
15          count += 1
16  accuracy = float(count)/total
17  print("分類精度：全体のミックス_=_",accuracy)
```

これを実行すると、たとえば

分類精度：全体のミックス = 0.87

のような結果が得られます。DNN 特徴量よりも 2%程度精度が向上しています。

■ 多入力ニューラルネットワークでミックス

ここではプログラム 5-34 のように、116 次元の色テクスチャー特徴量、256 次元の BoVW 特徴量、4096 次元の DNN 特徴量を入力にもつ Functional API を考えます。

プログラム 5-34　多入力ニューラルネットワークでミックス (Plant ⑮)

```
1  from keras.models import Model
2  from keras.layers import Dense, Dropout, Activation, BatchNormalization
3  from keras.layers import Input, Lambda, Multiply, Add, Concatenate
4  from keras.utils import np_utils
5  import numpy as np
6
7  CTEX_FEATURE_DIM = 116
8  BOVW_FEATURE_DIM = 256
9  VGG_FEATURE_DIM = 4096
10
11 input_ctex = Input(shape=(CTEX_FEATURE_DIM,),name='ctex')
12 input_bovw = Input(shape=(BOVW_FEATURE_DIM,),name='bovw')
13 input_vgg  = Input(shape=(VGG_FEATURE_DIM,),name='vgg')
14
15 vgg_x = Dense(256, activation='relu')(input_vgg)
16 vgg_x = BatchNormalization(name='bn-vgg')(vgg_x)
17
18 ctex_x = Dense(64, activation='relu')(input_ctex)
19 ctex_x = BatchNormalization(name='bn-ctex')(ctex_x)
20 bovw_x = Dense(64, activation='relu')(input_bovw)
21 bovw_x = BatchNormalization(name='bn-bovw')(bovw_x)
22 mult_x = Multiply()([ctex_x,bovw_x])
23 mult_x = Lambda(lambda x: x * 2)(mult_x)
```

170 第5章 実践編③：さらに進んだフレームワークの使い方

```
24
25  all_x = Concatenate()([mult_x,vgg_x])
26  all_x = BatchNormalization(name='bn-all')(all_x)
27  all_x = Dense(NB_CLASSES, activation="softmax")(all_x)
28
29  all_model = Model(inputs=[input_ctex,input_bovw,input_vgg],outputs=[all_x])
30  all_model.compile(optimizer='adam',
31                    loss='categorical_crossentropy',
32                    metrics=['accuracy'])
33  all_model.summary()
```

　11～13行目に Input クラスが3種類あることに注意してください。これら三つ
の Input クラスには、name=パラメータで、ctex, bovw, vgg という名前を設定
し、後述するプログラム 5-35 でこれらの名前を利用します。
　結果は以下のようになります。

Layer (type)	Output Shape	Param #	Connected to
ctex (InputLayer)	(None, 116)	0	
bovw (InputLayer)	(None, 256)	0	
dense_13 (Dense)	(None, 64)	7488	ctex[0][0]
dense_14 (Dense)	(None, 64)	16448	bovw[0][0]
bn-ctex (BatchNormalization)	(None, 64)	256	dense_13[0][0]
bn-bovw (BatchNormalization)	(None, 64)	256	dense_14[0][0]
vgg (InputLayer)	(None, 4096)	0	
multiply_2 (Multiply)	(None, 64)	0	bn-ctex[0][0] bn-bovw[0][0]
dense_12 (Dense)	(None, 256)	1048832	vgg[0][0]
lambda_4 (Lambda)	(None, 64)	0	multiply_2[0][0]
bn-vgg (BatchNormalization)	(None, 256)	1024	dense_12[0][0]

```
concatenate_1 (Concatenate)     (None, 320)      0         lambda_4[0][0]
                                                            bn-vgg[0][0]
_____
bn-all (BatchNormalization)     (None, 320)      1280      concatenate_1[0][0]
_____
dense_15 (Dense)                (None, 20)       6420      bn-all[0][0]
================================================================================
Total params: 1,082,004
Trainable params: 1,080,596
Non-trainable params: 1,408
```

　これより、重みパラメータは108万程度であることがわかります。また、乗算を行うMultiply層や連結を行うConcatenate層では重みパラメータが発生しないことがわかります。Multiply層のあとのLambda層で入力値の2倍の値を出力するようにして、ハンドクラフト特徴量を多少大き目の値に加工しています。なお、ニューラルネットワークの構造をGraphvizで可視化すると、図5-15のようになります。

　次に、プログラム5-34で作成したモデル(**all_model**)に対して訓練データとテストデータを与えて学習を開始します。fit関数に与える訓練データとテストデー

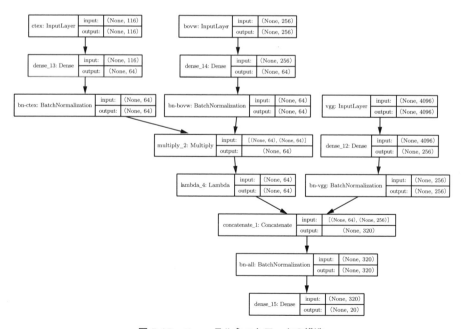

図5-15　ニューラルネットワークの構造

172 第 5 章　実践編③：さらに進んだフレームワークの使い方

タのパラメータが Python の辞書形式で与えられている点に注意ください。すなわち、プログラム 5-34 の **Input** クラスで与えた名前とそれに対応する訓練データ、ならびにテストデータがパラメータとして与えられています。訓練とテストのラベルデータは、3 種類の入力とも共通に、訓練側には **onehot_train_labels** というワンホットベクトルを与え、テスト側には **onehot_test_labels** という名前のワンホットベクトルを与えています。これらを考慮した全特徴量を Multiply 層や Concatenate 層で統合したニューラルネットワークを定義したものがプログラム 5-35 です。

プログラム 5-35　多入力ニューラルネットワークによる DNN の訓練開始 (Plant ⑯)

```
1  NB_CLASSES = 20
2  onehot_train_labels = np_utils.to_categorical(train_labels, NB_CLASSES)
3  onehot_test_labels = np_utils.to_categorical(test_labels, NB_CLASSES)
4  fpath = 'Plant-w-{epoch:02d}-{loss:.2f}-{acc:.2f}-{val_loss:.2f}-{val_acc:.2f
       }.h5'
5  callbacks_list = [  # 5エポック以上、テストデータの損失の減少がなければストップ
6      keras.callbacks.ModelCheckpoint(fpath, monitor='val_acc', save_best_only=
           True)
7  ]
8  all_history = all_model.fit(
9      {'ctex':train_ifeatures,
10      'bovw':train_bovw_features,
11      'vgg':fc2_training},
12      onehot_train_labels,
13      epochs=100,
14      batch_size=32,
15      callbacks = callbacks_list,
16      validation_data=(
17      {'ctex':test_ifeatures,
18      'bovw':test_bovw_features,
19      'vgg': fc2_query200},
20      onehot_test_labels))
```

　実行結果は以下のようになります。

```
Epoch 1/100
1400/1400 [=] - 2s 2ms/step - loss: 1.7267 - acc: 0.4971 - val_loss: 1.0848
- val_acc: 0.6850
Epoch 2/100
```

```
1400/1400 [=] - 1s 421us/step - loss: 0.6681 - acc: 0.8271 - val_loss: 0.8880
- val_acc: 0.7450
......
Epoch 95/100
1400/1400 [=] - 1s 390us/step - loss: 7.5201e-05 - acc: 1.0000 - val_loss: 0.3914
- val_acc: 0.9100
Epoch 96/100
1400/1400 [=] - 1s 418us/step - loss: 7.1433e-05 - acc: 1.0000 - val_loss: 0.3903
- val_acc: 0.9000
Epoch 97/100
1400/1400 [=] - 1s 412us/step - loss: 6.7528e-05 - acc: 1.0000 - val_loss: 0.3923
- val_acc: 0.9000
Epoch 98/100
1400/1400 [=] - 1s 402us/step - loss: 8.3165e-05 - acc: 1.0000 - val_loss: 0.4100
- val_acc: 0.8900
Epoch 99/100
1400/1400 [=] - 1s 411us/step - loss: 7.8021e-05 - acc: 1.0000 - val_loss: 0.3876
- val_acc: 0.9000
Epoch 100/100
1400/1400 [=] - 1s 417us/step - loss: 7.3013e-05 - acc: 1.0000 - val_loss: 0.3974
- val_acc: 0.9000
```

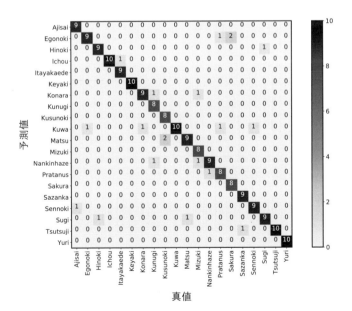

図5-16　3入力ニューラルネットワークでの植物分類精度の混合行列

174 | 第 5 章　実践編③：さらに進んだフレームワークの使い方

ModelCheckpoint コールバックで途中のエポック (Epoch 95) で、精度 (val_acc) が 0.9100 となっており、これまで述べてきたディープラーニングの中で最高の精度を達成できていることがわかります。混合行列は図 5-16 のようになります。

■エラー解析と手法の比較

すべての特徴量をミックスして高い分類精度が出すことができましたが、それでも誤分類した画像ファイルが残っています。これらにどのような傾向があるかを把握しておくことは重要ですので、エラー解析をやっておきます。プログラム 5-36 のように、テスト画像 200 枚のうち、予測が一致しなかった画像ファイル名をリストします。

```
プログラム 5-36　誤分類した植物画像をリスト (Plant ⑰)
1  # テスト画像のファイルリスト作成
2  classes = folders = ['Ajisai', 'Egonoki', 'Hinoki', 'Ichou', 'Itayakaede',
3      'Keyaki', 'Konara', 'Kunugi', 'Kusunoki', 'Kuwa',
4      'Matsu', 'Mizuki', 'Nankinhaze', 'Pratanus', 'Sakura',
5      'Sazanka', 'Sennoki', 'Sugi', 'Tsutsuji', 'Yuri']
6  q_listAll = []
7  for folder in folders:
8      q_flist = os.listdir(folder)
9      length = len(q_flist)
10     q_listAll.append(q_flist)
11 # 予測が一致しなかった画像のファイル名を表示
12 print(all_prediction)
13 index = 0
14 for i in range(20):
15     for j in range(10):
16         value = all_prediction[index]
17         if value != i:
18             print(value,"_",classes[i],"_",q_listAll[i][j])
19         index += 1
```

これを実行すると、たとえば

```
[ 0  0  0  0 16  0  0  0  0  0  1  1  1  1  1  1  1  9  1  1  2  2  2 17
  2  2  2  2  2  2  3  3  3  3  3  3  3  3  3  4  4  4  4  4  4  4
  3  4  5  5  5  5  5  5  5  5  5  5  6  6  6  6  6  6  6  6  6  9  7  7
```

5.3 機械学習とディープラーニングを組合わせる：植物画像の分類 | 175

```
  6  7  7  7 12  7  7  7 10  8  8  8  8  8  8 10  8  8  9  9  9  9  9  9
  9  9  9  9 10 10 10 10 17 10 10 10 10 10 11 11 11  6 11 11 11 11 11 12
 12 12 12 12 12 12 13 12 12 12 13 13 13 13  9 13 13 13  1 13 14 14 14  1
 14  1 14 14 14 14 15 15 15 18 15 15 15 15 15 16 16 16 16 16 16 16  9
 16 16 17 17 17 17 17 17  2 17 17 18 18 18 18 18 18 18 18 18 19 19
 19 19 19 19 19 19 19 19]
16   Ajisai     IMG_4563.jpg
 9   Egonoki    DSC05894.jpg
17   Hinoki     DSC04702.jpg
 3   Itayakaede   10855_624.jpg
 9   Konara     DSC05850.jpg
 6   Kunugi     IMG_4044.jpg
12   Kunugi     DSC01945.jpg
10   Kusunoki   IMG_4445.jpg
10   Kusunoki   DSC01173.jpg
17   Matsu      DSC03458.jpg
 6   Mizuki     DSC04691.jpg
12   Mizuki     Mizuki.jpg
13   Nankinhaze   DSC01472.jpg
 9   Pratanus   DSC01335.jpg
 1   Pratanus   IMG_5071.jpg
 1   Sakura     DSC03831.jpg
 1   Sakura     DSC05731.jpg
18   Sazanka    DSC04776.jpg
 9   Sennoki    DSC06153.jpg
 2   Sugi       DSC05538.jpg
```

となります。最初の 200 個の数字は、20 種類の植物クラスの ID を表し、完璧にクラスを推定できていれば、

```
[0 ... 0 1 ... 1 2 ... 2 3 ... 3 ... 18 ... 18 19 ... 19]
```

となります。実際の結果がこのようになっていないのは、誤分類が残っているためです。このうち誤分類された代表的な植物を図 5-17 にピックアップしました。比較のために、正しく分類された植物も図 5-18 にピックアップしています。一般的に、誤分類されるテストデータの多くは、人間が見ても間違いやすい画像です。訓練データに類似する画像があると、このような誤分類が起きやすくなります。

　この項で述べた三つのモデルのエポックごとの精度と損失の変化は、図 5-19 のようになります。

（a）サクラをエゴノキと誤分類　（b）サザンカをツツジと誤分類　（c）センノキをクワと誤分類

**図 5-17　3 入力ニューラルネットワークで誤分類された植物
（抜粋、巻頭のカラー口絵も参照）**

　　（a）エゴノキ　　　　　　　（b）ナンキンハゼ　　　　　　（c）センノキ

**図 5-18　3 入力ニューラルネットワークで正しく分類された植物
（抜粋、巻頭のカラー口絵も参照）**

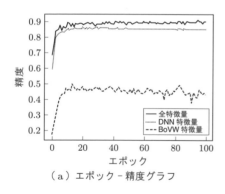 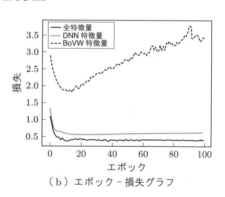

（a）エポック-精度グラフ　　　　　　（b）エポック-損失グラフ

図 5-19　精度と損失の変化

5.4 時系列データの予測

時系列データは、画像、テキスト、3D 形状データと比べて意味づけや直感的な解釈が難しく、それがディープラーニングを適用するうえでの難しさにつながっています。ただ、仕組みさえ構築できれば自動的に収集可能であるデータでもあるため、適用が期待されているものでもあります。

以下では、UCI アーカイブ[†1] にある時系列データの中から、回帰 (Regression) 用に提供されている大気環境 (Air Quallity) データを選択し、大気環境の予測を再帰型ニューラルネットワークで行ってみます[†2]。

5.4.1 データの概要と前処理

UCI アーカイブの大気環境データ[†3]は、2004 年 3 月～2005 年 2 月にイタリアで観測された毎時の大気中物質の含有量データ、温度データ、湿度データなどからなる 9358 個のデータです。

データは CSV 形式で提供されており、その最初の 10 数行は、以下のように記述されています（表 5-3 も参照）。

```
Date,Time,CO,SnO2,NMHC,C6H6,TiO2,NOx,WNOx,NO2,WNO2,O3,T,RH,AH,,
2004/3/10,18:00:00,2.6,1360,150,11.9,1046,166,1056,113,1692,1268,13.6,48.9,0.7578,,
2004/3/10,19:00:00,2,1292,112,9.4,955,103,1174,92,1559,972,13.3,47.7,0.7255,,
2004/3/10,20:00:00,2.2,1402,88,9.0,939,131,1140,114,1555,1074,11.9,54.0,0.7502,,
2004/3/10,21:00:00,2.2,1376,80,9.2,948,172,1092,122,1584,1203,11.0,60.0,0.7867,,
2004/3/10,22:00:00,1.6,1272,51,6.5,836,131,1205,116,1490,1110,11.2,59.6,0.7888,,
2004/3/10,23:00:00,1.2,1197,38,4.7,750,89,1337,96,1393,949,11.2,59.2,0.7848,,
2004/3/11,0:00:00,1.2,1185,31,3.6,690,62,1462,77,1333,733,11.3,56.8,0.7603,,
2004/3/11,1:00:00,1,1136,31,3.3,672,62,1453,76,1333,730,10.7,60.0,0.7702,,
2004/3/11,2:00:00,0.9,1094,24,2.3,609,45,1579,60,1276,620,10.7,59.7,0.7648,,
2004/3/11,3:00:00,0.6,1010,19,1.7,561,-200,1705,-200,1235,501,10.3,60.2,0.7517,,
2004/3/11,4:00:00,-200,1011,14,1.3,527,21,1818,34,1197,445,10.1,60.5,0.7465,,
2004/3/11,5:00:00,0.7,1066,8,1.1,512,16,1918,28,1182,422,11.0,56.2,0.7366,,
```

[†1] https://archive.ics.uci.edu/ml/datasets.php

[†2] J. Brownlee のブログ記事 (https://machinelearningmastery.com/multivariate-time-series-forecasting-lstms-keras/) を参考にしています。

[†3] https://archive.ics.uci.edu/ml/datasets/Air+Quality

178 | 第 5 章　実践編③：さらに進んだフレームワークの使い方

表 5-3　使用する大気環境データ

データ上の表記	特徴量データの意味
CO	一酸化炭素濃度
SnO2	酸化スズ濃度
NMHC	非金属炭化水素濃度
C6H6	ベンゼン濃度
TiO2	二酸化チタン濃度
NOx	酸化窒素濃度
WNOx	酸化タングステン酸化窒素濃度
WNO2	酸化タングステン二酸化窒素濃度
O3	オゾン濃度
T	気温
RH	相対湿度
AH	絶対湿度

時刻以外は基本的に数値ですが、そのとりうる範囲が物質によって著しく異なっています。さらに欠損値も含まれています[1]。

以上の観察から、前処理として、各コラムデータの正規化（[0.0, 1.0] の範囲の値にすること）、欠損値の処理を行います[2]。ここでは、欠損値が 1〜4 箇所以内で、その前後に値がある場合は、線形に補間することとしました。たとえば、ある欠損値の前後の値が 20 と 30 とすれば、欠損値のところを $(20 + 30)/2 = 25$ で補うこととします。結果として、6888 個（287 日分）が残りました。

プログラム 5-37 のように前処理をします。まず、3 行目の read_csv 関数でデータをロードします。時刻に関するデータは、3 行目の parse_dates オプションで対応コラムを指定しています。また、index_col=0 として第 1 コラムをインデックスとしています。最終行では、to_csv 関数で myAirQuality.csv という名前の CSV ファイルを書き出しています。

プログラム 5-37　CSV ファイルの前処理 (Time ①)

```
1  from pandas import read_csv, read_excel
2  from datetime import datetime
```

---

[1] 「-200」という数値が入っているところが欠損値です。

[2] 欠損値は、通常の回帰問題の場合は、その値を含むデータを使わないで棄却するというのが最も一般的な対応です。たとえば、pandas パッケージにある dropna (na は not available の略) という関数で、今回のデータのような欠損値を削除できます。ただし、データを予測するためには周期性をとらえることが重要なので、ここでは欠測値のデータも含めることにします。

```
3   dataset = read_csv('AirQualityUCI-modified.csv', parse_dates = [['Date', 'Time
        ']], index_col=0)
4   # コラムを設定
5   dataset.columns =
6       ['CO','SnO2','C6H6','NMHC','NOx','WNOx','NO2','WNO2','O3','T','RH','AH']
7   # 最初の5行分のデータを表示
8   print(dataset.head(5))
9   # データをpollution.csvsという名前で保存
10  dataset.to_csv('myAirQuality.csv')
```

周期性があるかどうかを、プログラム5-38で可視化して検証します。

プログラム 5-38　時系列データのプロット (Time ②)

```
1   from pandas import read_csv
2
3   # load dataset
4   dataset = read_csv('myAirQuality.csv', header=0, index_col=0)
5   values = dataset.values
6   # プロットしたいコラムを設定
7   groups = [0, 1, 2, 3, 4, 5, 6, 7, 8, 9, 10, 11]
8   i = 0
9   MAX_END = 800
10  # plot each column
11  import numpy as np
12  for group in groups:
13      plt.figure(figsize=(14,8))
14      plt.tick_params(labelsize=18)
15      plt.plot(values[0:MAXEND, group], color="b")
16      plt.title(dataset.columns[group], fontsize=30, font_properties=fp2)
17      i += 1
18      plt.show()
```

図5-20(a)〜(c)は、それぞれ最初の800個（33日程度）のデータの一酸化炭素濃度、オゾン濃度、気温の周期性を表しています。これらの図より、いずれも周期性が観測されます。なお、本書ではこのデータを用いますが、正確な予測をするならば数年間以上のデータが理想です。

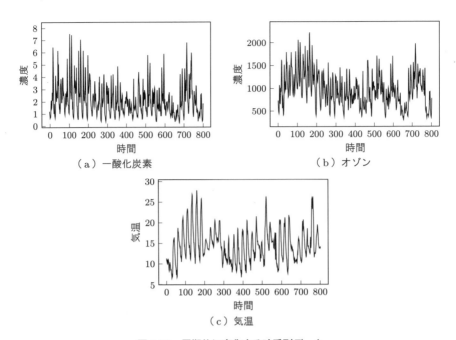

図 5-20　周期的に変化する時系列データ

5.4.2　時系列データのずらし処理

　次に、予測における仮説と訓練データの準備を考えることにします。ここでは、「（前項で述べた）24時間前までの12種類の観測データが、その後の未来の一酸化炭素濃度に影響する」という仮説を立てます。これをもとに、12種類のデータの**正規化処理**と**ずらし処理**を行います。

　表5-4は、正規化後の時系列データの配列の例です。この配列は、特徴量データA, B, Cが時刻tから順に$t+1, t+2, \ldots$と観測されたものであることを表現しています。これに対して、ずらし処理を行うと表5-5のようになります。この配列では、1行のデータ内に過去と未来のデータが併記してあります。ここでは特徴量のうち、予測したいデータをどれか一つ（たとえばA）を選んで、表5-5のデータを

表 5-4　時系列データの配列（ずらし処理前）

時間の流れ

$A(t)$	$B(t)$	$C(t)$
$A(t+1)$	$B(t+1)$	$C(t+1)$
$A(t+2)$	$B(t+2)$	$C(t+2)$
...	...	...

5.4 時系列データの予測 | 181

表 5-5　時系列データの配列（ずらし処理後）

現在			過去			未来		
$A(t)$	$B(t)$	$C(t)$	$A(t-1)$	$B(t-1)$	$C(t-1)$	$A(t+1)$	$B(t+1)$	$C(t+1)$
$A(t+1)$	$B(t+1)$	$C(t+1)$	$A(t)$	$B(t)$	$C(t)$	$A(t+2)$	$B(t+2)$	$C(t+2)$
$A(t+2)$	$B(t+2)$	$C(t+2)$	$A(t+1)$	$B(t+1)$	$C(t+1)$	$A(t+3)$	$B(t+3)$	$C(t+3)$
…	…	…	…	…	…	…	…	…

もとに学習を行います。

表 5-5 で示した過去と未来を連結する処理は 22～23 行目で行っています。なお、データ量が増えることはないので、存在しないデータ部分は、NaN で補うことになります。たとえば、24 時間前までのデータを並べる場合、最初の 24 行には NaN が含まれることになります。これは、24 個（1 日分）のデータはずらし処理で使わないことになりますが、十分大きなデータがあれば、最初の 24 行をスキップしても基本的に問題は生じません。

正規化処理は、scikit-learn パッケージにある `MinMaxScaler` クラスの `fit_transform` 関数を利用します。ずらし処理は、pandas パッケージの `DataFrame` クラスの `shift` 関数を利用します[†1]。`shift` 関数を含む `expand_timeseries` 関数は、以下のプログラム 5-39 のようになります。

プログラム 5-39　ずらし処理と NaN 除去処理 (Time ③)

```
1   from pandas import DataFrame
2   from pandas import concat
3   def expand_timeseries (data, n_in=1, n_out=1, nan=True):
4       vars = 1 if type(data) is list else data.shape[1]
5       df = DataFrame(data)
6       cols, names = [ ], [ ]
7
8       # 入力 (t-n, ... t-1)
9       for i in range(n_in, 0, -1):
10          cols.append(df.shift(i))  # ずらし処理(過去)
11          names += [('P-var%d(t-%d)' % (j+1, i)) for j in range(vars)]
12
13      # (t, t+1, ... t+n) を予測
14      for i in range(0, n_out):
```

---

†1　J. Brownlee の `series_to_supervised` 関数に準じています
(https://machinelearningmastery.com/convert-time-series-supervised-learning-problem-python/)。

182 | 第 5 章 実践編③：さらに進んだフレームワークの使い方

```
15        cols.append(df.shift(-i))  # ずらし処理（未来）
16        if i == 0:
17            names += [('F-var%d(t)' % (j+1)) for j in range(vars)]
18        else:
19            names += [('F-var%d(t+%d)' % (j+1, i)) for j in range(vars)]
20
21    # ずらし処理の過去と未来のデータを連結
22    all_data = concat(cols, axis=1)
23    all_data.columns = names
24
25    # NaNがあればその行を捨てる
26    if nan:
27        all_data.dropna(inplace=True)
28    return all_data
```

　プログラム 5-40 のように、正規化処理とずらし処理の呼び出し、一酸化炭素濃度の予測部分だけ取り出します。

プログラム 5-40　正規化処理とずらし処理の呼び出し、一酸化炭素濃度の取り出し (Time ④)

```
1  import numpy as np
2  from pandas import read_csv
3  from sklearn.preprocessing import MinMaxScaler
4  # データセットのロード
5  dataset = read_csv('myAirQuality.csv', header=0, index_col=0)
6  values = dataset.values
7  values = values.astype('float32')
8
9  # 正規化処理
10 scaler = MinMaxScaler(feature_range=(0, 1))
11 scaled = scaler.fit_transform(values)
12
13 # ずらし処理
14 n_hours = 24
15 n_features = 12
16
17 # データフレームを再構成して過去と未来のデータを入れる
18 reframed = expand_timeseries (scaled, n_hours, 1)
19 print()
20 print("----------------------------------------------------")
21 print("reframed(24時間)_=_",reframed.shape)
22 print(reframed.head())
```

5.4 時系列データの予測 | 183

```
23
24  # 訓練データとテストデータに分割
25  values = reframed.values
26  n_train_hours = 180 * 24   # 訓練データは4320個（180日分）
27  train = values[:n_train_hours, :]
28  test = values[n_train_hours:, :]
29
30  # 訓練データとテストデータで正解部分とそれ以外に分離
31  n_obs = n_hours * n_features   # 24*12 = 288
32  train_x, train_y = train[:, :n_obs], train[:, -n_features]
33  test_x, test_y = test[:, :n_obs], test[:, -n_features]
34  print()
35  print("-----------------------------------------------------")
36  print("n_obs_=_n_hours_*_n_features", n_obs)
37  print("train_x[:,:n_obs],_train_y[:,-n_features]",train_x.shape,train_y.shape)
38  print("訓練データは 0-",n_obs,"_列,_テストデータは後ろから",n_features,"まで")
39  print("n_obs_=_",n_obs,"_n_features_=_", n_features)
40
41  # 再帰型ニューラルネットワークに入力可能な3次元シェープに変換
42  train_x = train_x.reshape((train_x.shape[0], n_hours, n_features))
43  test_x = test_x.reshape((test_x.shape[0], n_hours, n_features))
44  print()
45  print("--------------------_reshape----------------------------")
46  print(train_x.shape, train_y.shape, test_x.shape, test_y.shape)
47  print("test_x,_test_y",test_x.shape,test_y.shape)
48  print("train_x.shape_=_", train_x.shape)
```

　プログラム5-40では、最初にCSVファイルを入力後、10〜11行目で正規化を行っています。その後、18〜22行目でずらし処理を、12種類の特徴量の1時刻前と1時刻先に対して行っています。25〜26行目で、全体のデータを分割して、前半の180日分を訓練データとし、そのあとの行をテストデータとしています。32行目にあるように、300個の訓練データのうち、過去のデータである最初の288個のデータは **train_x** という変数に代入し、残る12個のデータは **train_y** という変数に正解として与えています。テストデータのほうも、33行目で同様の処理を行っています。

　プログラムの最後の部分では、再帰型ニューラルネットワークに入力可能な3次元のシェープ (samples, timesteps, features) にリシェープしています。

　実行すると、以下の結果が出力されます。

184 | 第 5 章　実践編③：さらに進んだフレームワークの使い方

```
----------------------------------------------------
reframed(24 時間) = (6864, 300)
          P-var1(t-24)    P-var2(t-24)    P-var3(t-24)    P-var4(t-24)   \
24        0.093220        0.386140        0.054420        0.165663
25        0.076271        0.351167        0.049858        0.156086
26        0.067797        0.320790        0.034288        0.121333
27        0.042373        0.260323        0.024221        0.095228
28        0.046610        0.261185        0.017773        0.076620

          P-var5(t-24)    P-var6(t-24)    P-var7(t-24)    P-var8(t-24)   \
24        0.039322        0.482802        0.226860        0.351529
25        0.039322        0.479202        0.223835        0.351529
26        0.027797        0.532447        0.175439        0.325989
27        0.019661        0.585818        0.136116        0.307464
28        0.011525        0.633472        0.096794        0.290378

          P-var9(t-24)    P-var10(t-24)   ...             F-var3(t)      \
24        0.222217        0.253363        ...             0.089494
25        0.220914        0.239910        ...             0.097672
26        0.173125        0.239910        ...             0.062441
27        0.121774        0.230942        ...             0.026895
28        0.097445        0.226457        ...             0.014313

          F-var4(t)       F-var5(t)       F-var6(t)       F-var7(t)      \
24        0.228875        0.080000        0.394570        0.287356
25        0.242010        0.087458        0.391943        0.326679
26        0.181261        0.052881        0.454719        0.269207
27        0.102616        0.033898        0.575356        0.179976
28        0.065127        0.011525        0.665368        0.090744

          F-var8(t)       F-var9(t)       F-var10(t)      F-var11(t)     \
24        0.370504        0.258276        0.186099        0.620126
25        0.371987        0.265227        0.172646        0.635220
26        0.338354        0.204405        0.159193        0.661635
27        0.285971        0.126423        0.156951        0.667925
28        0.262050        0.070814        0.136771        0.713208

          F-var12(t)
24        0.230022
25        0.223508
26        0.221905
27        0.221153
```

5.4 時系列データの予測 | 185

```
28          0.220502

[5 rows x 300 columns]

-----------------------------------------------------
n_obs = n_hours * n_features 288
(4320, 288) 4320 (4320,)
train_X[:,:n_obs], train_y[:,-n_features] (4320, 288) (4320,)
訓練データは 0- 288　列，テストデータは後ろから 12 まで
n_obs =  288  n_features =  12

-------------------- reshape------------------------------
(4320, 24, 12) (4320,) (2544, 24, 12) (2544,)
test_X, test_y (2544, 24, 12) (2544,)
train_X.shape =  (4320, 24, 12)
```

実行結果からわかるように、時刻 $t-24$ から t まで 12 種類のデータが繰り返されています。合計すると、1 行には $24 \times 12 + 12 = 300$ 個のデータがあることになります。

5.4.3　再帰型ニューラルネットワークによる 1 時刻先の予測

準備が整ったため、プログラム 5-11 のように再帰型ニューラルネットワークを使った予測を開始します。

プログラム 5-41　多段 LSTM の構築 (Time ⑤)

```python
 1 from keras.models import Model
 2 from keras.layers import Dense, Input
 3 from keras.layers import LSTM, CuDNNLSTM
 4
 5 inputs = Input(shape=(train_X.shape[1], train_X.shape[2]))
 6 x = CuDNNLSTM(144, return_sequences=True)(inputs)
 7 x = CuDNNLSTM(72, return_sequences=True)(x)
 8 x = CuDNNLSTM(36)(x)
 9 outputs = Dense(1)(x)
10 model = Model(inputs=[inputs], outputs = [outputs])
11 model.summary()
```

実行すると、以下のような結果が得られます。モデルの入出力シェープは図 5-21

のようになります。

```
Layer (type)                 Output Shape              Param #
=================================================================
input_1 (InputLayer)         (None, 24, 12)            0
_____
cu_dnnlstm_1 (CuDNNLSTM)     (None, 24, 144)           91008
_____
cu_dnnlstm_2 (CuDNNLSTM)     (None, 24, 72)            62784
_____
cu_dnnlstm_3 (CuDNNLSTM)     (None, 36)                15840
_____
dense_1 (Dense)              (None, 1)                 37
=================================================================
Total params: 169,669
Trainable params: 169,669
Non-trainable params: 0
```

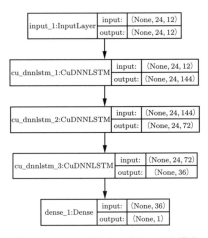

図 5-21　ニューラルネットワークの構造

プログラム 5-42 のように訓練を開始します。2 行目の `model.fit` 関数の中で `shuffle=False` としていることに注意してください。これは、時系列の順序を変更しないためのオプションです。`model.compile` 関数では、損失関数として、`mae`（平均絶対誤差）を使っています。また、`metrics` でも `mae` を指定しているため、エポックごとの表示では、`mean_absolute_error` とそのバリデーションであ

る `val_mean_absolute_error` が出力されます。

プログラム 5-42　多段 LSTM の訓練開始 (Time ⑥)

```
1  model.compile(loss='mae', optimizer='adam', metrics=['mae'])
2  history = model.fit(train_X, train_y,
3                      epochs=50, batch_size=72,
4                      validation_data=(test_X, test_y),
5                      verbose=1, shuffle=False)
```

```
Train on 4320 samples, validate on 2521 samples
Epoch 1/50
4320/4320 [===] - 2s 569us/step - loss: 0.0879 - mean_absolute_error: 0.0879
- val_loss: 0.0689 - val_mean_absolute_error: 0.0689
Epoch 2/50
4320/4320 [===] - 1s 222us/step - loss: 0.0650 - mean_absolute_error: 0.0650
- val_loss: 0.0647 - val_mean_absolute_error: 0.0647
Epoch 3/50
4320/4320 [===] - 1s 201us/step - loss: 0.0516 - mean_absolute_error: 0.0516
- val_loss: 0.0413 - val_mean_absolute_error: 0.0413
......
Epoch 49/50
4320/4320 [===] - 1s 175us/step - loss: 0.0052 - mean_absolute_error: 0.0052
- val_loss: 0.0060 - val_mean_absolute_error: 0.0060
Epoch 50/50
4320/4320 [===] - 1s 179us/step - loss: 0.0049 - mean_absolute_error: 0.0049
- val_loss: 0.0059 - val_mean_absolute_error: 0.0059
```

実行結果を図 5-22 に示します。この図から、5〜6 エポック付近から、平均絶対

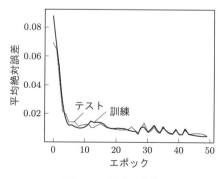

図 5-22　精度の変化

188 | 第 5 章　実践編③：さらに進んだフレームワークの使い方

誤差が小さくなっていることがわかります。

　プログラム 5-43 で予測します。一度正規化したデータを、正規化される前の元データの数値に戻して予測しなければならない点に注意してください。このため、プログラム 5-40 の 10 行目で代入した MinMaxScaler クラス（変数 scaler）の inverse_transform 関数（7 行目と 13 行目）を使います。

プログラム 5-43　多段 LSTM による予測 (Time ⑦)

```
1  from sklearn.metrics import mean_squared_error
2  yhat = model.predict(test_X)
3  test_X2 = test_X.reshape((test_X.shape[0], n_hours*n_features))
4
5  # 正規化データを元データのスケールに逆変換
6  inv_yhat = np.concatenate((yhat, test_X2[:, -11:]), axis=1)
7  inv_yhat = scaler.inverse_transform(inv_yhat)
8  inv_yhat = inv_yhat[:,0]  # 一酸化炭素濃度だけを取り出す
9
10 # 観測データを元データのスケールに逆変換
11 test_y2 = test_y.reshape((len(test_y), 1))
12 inv_y = np.concatenate((test_y2, test_X2[:, -11:]), axis=1)
13 inv_y = scaler.inverse_transform(inv_y)
14 inv_y = inv_y[:,0]  # 一酸化炭素濃度だけを取り出す
15
16 # RMSE を計算
17 rmse = np.sqrt(mean_squared_error(inv_y, inv_yhat))
18 print('Test_RMSE:_%.3f' % rmse)
```

実行すると、

```
Test RMSE: 0.095
```

のような結果が得られます。

　次に、プログラム 5-44 で、最初の 240 個のデータの実測値と予測値を重ねて描画してみます。描画した結果は図 5-23 のようになります。

プログラム 5-44　多段 LSTM による予測結果の描画 (Time ⑧)

```
1  actualY = inv_y  # raws[n_train_hours: , -n_features]
2  print(len(actualY))
3  inv_testPredict = inv_yhat
4
```

```
 5  plt.figure(figsize=(15,10))  # ,dpi=72)
 6  plt.plot(range(240),actualY[0:240], label='actual', color="b",linewidth=2)
 7  plt.plot(range(240),inv_testPredict[0:240], label='predict',color="r",
         linestyle='--',linewidth=2)
 8  plt.legend(['実際', '予測'], loc='best', fontsize=25, prop=fp2)
 9  plt.ylim([0, 12])
10  plt.grid()
11  plt.tick_params(labelsize=18)
12  plt.xlim([0, 240])
13  plt.title('予測結果_[CO]',fontsize=30,font_properties=fp2)
14  plt.xlabel('時刻インデックス',fontsize=25, font_properties=fp2)
15  plt.ylabel('CO',fontsize=25, font_properties=fp2)
16  plt.savefig('images/Pred-myAir24-next-t.jpg')
17  plt.show()
```

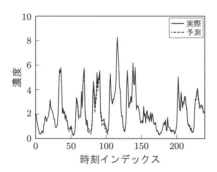

図 5-23　時系列データの実測値と予測値
(最初の 240 個のデータ、巻頭のカラー口絵も参照)

　ここでは、過去の時系列から、時刻 t での一酸化炭素濃度を予測しましたが、k 時刻先 $(t+k)$ のデータも同様の方法で予測できます。たとえば、24 時間先のデータの予測の場合は、時刻 t の一酸化炭素濃度を予測する代わりに時刻 $(t+24)$ の濃度を予測するようにすれば、類似の結果が得られることになります。

おわりに

　本著では、Keras というフレームワークを通して、ニューラルネットワークの層をあたかもレゴブロックのように構築する Functional API モデルに主眼を置いて説明してきました。目下、さまざまな応用分野で、多入力・多出力のニューラルネットワークを頻繁に見かけるようになってきました。ただ、我々が常に意識しておきたいのは、どんなデータを扱っているかです。ディープラーニングは、今後も重要な技術であり続けることは間違いないと思いますが、常に「データを多角度から十分に観察する」ことを怠ってはいけないと感じています。実際、人間が作った gold standard や ground truth とよばれる正解データにすら、誤ったラベルが付されていることが多々あります。そういった誤ったラベルのものを真実と思い込むと危険です。100％はありえないということを忘れないようにすることが大切だと思います。

　また、ディープラーニングはあくまで機械学習の一種であるという観点も大切です。伝統的な機械学習手法は少数データの学習ではまだまだ輝き続けていますし、今後も色褪せることはないと思います。ニューラルネットワークをベースとするディープラーニングも、これまでの機械学習手法などと調和させて利用するのがよいように思います。Keras の作者である François Chollet は、著書 [16] に

“Deep Learning is one of many branches of machine learning, where the models are long chains of geometric functions, applied one after the other.”
「ディープラーニングは、機械学習という多岐にわたる分野の一部であり、そのモデル（ニューラルネットワークの層）に対して長い鎖の幾何学的変換を 1 層ずつ行っているに過ぎません。」
と書いています。これは的を射た表現だと思います。

　今後もディープラーニングの分野は進化し続けると思います。人間にとって便利なものができることはありがたいですし、動力源さえ供給すれば退屈な計算もしっかりこなしてくれる点はとても有用な道具だと思います。本書を通してディープラーニングを上手に使い、創造力・想像力を広げていきながら生活を豊かにすることができるなら、とてもありがたいと感じます。

2019 年 9 月　　　　　　　　　　　　　　　　　　　　　　青野　雅樹

付録A
Kerasで覚えておきたいデータ形式

　ディープラーニングにKerasを用いる際に、覚えておきたい四つのデータ形式があります。それらは、

- JSON形式 (.json)
- HDF5形式 （.h5 または.hdf5）
- NumPy形式 （.npy または.npz）
- Pickle形式 (.pkl)

です[†1]。これらの形式は、いずれも入力（ロード）できますが、入力形式の代表例ではないことに注意してください。

　上記の四つの形式に関して、大まかな目的とその構造を簡単に述べます。

■ JSON形式

　JSON (JavaScript object notation) は、Webアプリケーションで非常によく利用されるデータ形式です。JSONは、文字列である名前と値のペアからなる、波カッコ{　}でくくられたリスト形式です。名前と値はコロン：で区切られます。

```
{"name":"Jon Smith", "age":25}
```

ただし、値のほうはリスト[　　]でくくって表現されることもあります。

```
{"language":
["JavaScript","Python","Java","C++"]}
```

　Kerasにおけるディープラーニングでは、ニューラルネットワークの層を指定することでモデルを定義します。このモデルを名前と値のペアの可読形式で出力した

---

†1　Keras以外のフレームワークでは、これら以外の独自のファイル形式でニューラルネットワークのモデルや重みを保存することがあります。

い場合に JSON を使います。たとえば、**model** という変数で定義されたニューラル
ネットワークの構造を JSON 形式で保存する場合、以下のような **to_json** 関数を
含むコードを書きます。

```
json_file = model.to_json()
with open("./json/myDNN-model.json","w") as js:
    js.write(json_file)
```

一度保存した JSON 形式のモデルは、以下のように **read** 関数でロードできます。

```
js = open("./json/myDNN-model.json","r")
model = js.read()
```

　注意すべきは、JSON 形式でのディープラーニングのモデルの保存では、ニュー
ラルネットワークの構造だけしか保存されないことです。訓練後の重みなどのパラ
メータを保存したい場合は、HDF5 形式で保存します。

■ HDF5 形式
　HDF5 形式は、スーパーコンピュータを開発している米国の NCSA (national
center for supercomputer association) が開発し、The HDF5 Group[†1] とよばれる
非営利団体が管理している階層型バイナリデータ形式です。大規模なデータを保存
するのに適しており、ディープラーニングでは訓練したニューラルネットワークの
モデルや重みを保存するのに頻繁に利用されます。Keras では、以下のような関数
が用意されています。

```
# モデルの情報をすべて保存する場合
model.save("myDNN-model.h5")
# モデルの重みだけを保存する場合
model.save_weights("myDNN-model-weights.h5")
```

　通常は訓練が終わったあとに、これらの関数でモデルとその重みを保存します。一
度保存されたモデルや重みは、ファイル名を指定してロードすることで再利用でき
ます。すなわち、あるモデルの構造とその重みパラメータを使ってニューラルネッ
トワークを再現できます。

---

†1　https://support.hdfgroup.org/HDF5/

付録 A　Keras で覚えておきたいデータ形式 | 193

```
# モデルの情報をすべてロードする場合
model = keras.models.load_model("myDNN-model.h5")
# モデルの重みだけロードする場合
weights = model.load_weights("myDNN-model-weights.h5")
```

　ディープラーニングにおける重みパラメータは、多い場合は 100 万〜1000 万くら
いになることがあります。バイナリ形式といえ膨大なデータ量になるので、ディス
クスペースが十分にあることを確かめておく必要があります。

■ NumPy 形式

　NumPy 形式は Python 独自のもので、NumPy 配列を保存するために使われる
バイナリ形式です。NumPy 配列には、シェープ情報とデータ型 (**dtype**) が付与さ
れます。ディープラーニングでは、データ型はほとんどの場合、np.float32 また
は np.float64 です。Python では NumPy 配列のことを、ndarray とよぶこと
もあります。拡張子は通常 .npy ですが、複数のシェープの異なる NumPy 配列をま
とめて辞書形式で保存することもあり、その場合は .npz という拡張子を用います。

　ディープラーニングでは、計算途中でさまざまなテンソルデータを n 次元行列
として表現できるため、途中経過や最終出力データを頻繁に NumPy 配列で保存し
ます。たとえば、隠れ層に相当する Dense 層の出力を保存したいとします。その
場合、プログラム A-1 のように、6 行目の Dense 層に **myHidden** という名前をつ
けます。その後、プログラム A-2 の 1〜2 行目に示す **Model** クラスで、**outputs=**
mode.get_layer('myHidden') のように出力に指定します。次に、3 行目にある
predict 関数で隠れ層のテンソルデータを抽出します。最後に、6 行目の **save** 関
数で NumPy 形式で保存します。

プログラム A-1　隠れ層に名前をつける

```
1  from keras.models import Model
2  from keras.layers import Input, Dense, Dropout
3  inputs = Input(shape=(28*28,))  # MNISTの画像を1次元化
4  x = Dense(512, activation='relu')(inputs)
5  x = Dropout(0.2)(x)
6  x = Dense(512, activation='relu', name="myHidden")(x)  # 名前をつける
7  x = Dropout(0.2)(x)
8  predictions = Dense(10, activation='softmax')(x)
9  model = Model(inputs=[inputs], outputs=[predictions] )
```

194 | 付録 A Keras で覚えておきたいデータ形式

プログラム A-2　NumPy 形式で隠れ層からの出力を保存

```
1  model2 = Model(inputs=model.input,
2                 outputs=model.get_layer('myHidden'))
3  myHidden = model2.predict(x_test)
4  print("シェープ=",myHidden.shape)
5  print(myHidden)
6  np.save("myHidden-save.npy",myHidden)
```

このような Keras のモデルを作成し、**model.compile** 関数ならびに **model.fit** 関数でニューラルネットワークの重みを訓練したとします。通常、**model.predict** 関数を呼び出すことで、テストデータを最後の Dense 層で **softmax** 関数で活性化された 10 種類の出力値の確率を抽出できます。一方、途中の隠れ層 **myHidden** からの出力値を得たいことがあります。このような状況は、とくに層のアーキテクチャを設計中にデバッグしたい場合に発生します。その場合プログラム A-2 のように、隠れ層に名前をつけて隠れ層からの出力を抽出できます。

実行結果は以下のようになります。

```
シェープ= (10000, 512)
[[0.        0.         0.         ... 0.06115736 0.          0.        ]
 [6.263239  2.9038806  2.3943443  ... 1.4922045  0.          0.06020609]
 [0.694086  0.         0.         ... 1.1083225  0.07382077 1.0892994 ]
 ...
 [0.        0.32215822 2.248347   ... 1.906942   0.          2.5717444 ]
 [3.1149151 0.         0.         ... 4.6205387  0.          0.16981724]
 [0.        2.1644197  5.2989516  ... 8.295561   0.          0.8383268 ]]
```

ロードしたい場合は、以下のように記述します。

```
myHidden = np.load("myHidden-save.npy")
```

■Pickle 形式

Pickle 形式は、Python でシリアライズされたオブジェクト（たとえば、エポックにまたがる精度や損失の履歴）を保存したい場合に使います。基本的には HDF5 や NumPy と同じくバイナリ形式で保存されます。ディープラーニングのモデルや重みパラメータは HDF5 形式で保存できますが、長いエポック計算の履歴情報は何もしないと失われてしまいます。幸い Keras では、このような計算のヒストリーを

付録 A　Keras で覚えておきたいデータ形式 | 195

以下のように Pickle 形式でそのまま保存できます。

```
batch_size = 128
epochs = 30
history = model.fit(x_train, y_train,
                    batch_size=batch_size,
                    epochs=epochs,
                    verbose=1,
                    validation_data=(x_test, y_test))
import pickle
with open(myHistory.pkl', 'wb') as h_file:
    pickle.dump(history.history, h_file)
```

ロードしたい場合は、以下のように記述します。

```
import pickle
h_file = open('myHistory.pkl','rb')
myHistory = pickle.load(h_file)
```

付録B
Kerasについての補足

■バックエンドの設定方法

Kerasが用いるバックエンドの指定は、ホームディレクトリの.kerasディレクトリ直下におかれる **keras.json** の中で以下のように記述されます。

```
{
    "image_dim_ordering": "tf",
    "epsilon": 1e-07,
    "floatx": "float32",
    "backend": "tensorflow"
}
```

これは、バックエンド (**"backend"**) がTensorFlowで、実数の精度 (**"floatx"**) が32ビット浮動小数点で、小さい数エプシロンが **1e-07** で、画像のシェープの次元の順序 (**"image_dim_ordering"**) がTensorFlow（**"tf"**）と同じであることを表します。

■GPUを利用する際に最初にやっておくべきこと

TensorFlowをバックエンドとして利用する場合、GPUのデフォルトでは使えるメモリをすべて使おうとします。複数のプログラムが同居するサーバ環境の場合、GPUを占拠するとほかのプログラムが動作できなくなりますので、プログラムB-1のように、GPUメモリの上限を宣言しておきます。第3章以降のプログラムの先頭には、このプログラムB-1が宣言されているものとします。

プログラムB-1　TensorFlowで使うGPUメモリの（動的）上限値の宣言

```
1  import tensorflow as tf
2  config = tf.ConfigProto()
3  config.gpu_options.per_process_gpu_memory_fraction = 0.3
4  config.gpu_options.allow_growth = True
```

付録 B　Keras についての補足 | 197

```
5  # TensorFlow のセッションを上記のオプションで開始
6  session = tf.Session(config=config)
7  from keras import backend as K
8  K.set_session(session)
```

　プログラム B-1 の 3 行目では、GPU メモリのうち最大 30% まで使用するとしています。3 行目の上限があれば、ほかのプログラムを実行したり、複数のユーザでサーバを使用したりしても、ほかのユーザに迷惑がかかりません。たとえば、NVIDIA Quadro P6000 を GPU として使っている場合、仕様[†1]では 24 GB ありますが、3 行目の指定で利用の上限をその 30% の 7.2 GB にできます。4 行目のオプションで、大きい GPU メモリを使う必要がなければ、小さい GPU メモリが選択されるようになっています。

　とくに Jupyter で実行する場合、Web ブラウザからプログラムを終了しない限り、GPU メモリを保持した状態となりますので、忘れずにプログラム B-1 を実行してください。

■ 参考となる Keras のプログラム

　Keras の作者も貢献している Github があります[†2]。ここは、最新の技術を取り入れたサンプルが頻繁に加えられているだけでなく、Keras を始める人にも参考になるコードが 40 数種類掲載されています。本書では挙げていませんが、G. Hinton の提案したカプセルネットワーク、層のカスタマイズ例、BERT[†3]のようなアテンションを活用したシステム、質疑応答システムの例などがあります。

■ Keras のドキュメント

　Keras のプログラムの意味、とくにクラス、関数、オプションパラメータなどの意味は、公式ドキュメント[†4]で調べるとよいでしょう。なお、本書ではバックエンドに TensorFlow を仮定していますので、TensorFlow のドキュメント[†5]も参考になるでしょう。

---

†1　https://www.elsa-jp.co.jp/products/products-top/graphicsboard_pro/quadro/
　　ultra_high_end_2/quadro_p6000/
†2　https://github.com/keras-team/keras/tree/master/examples
†3　https://pypi.org/project/keras-bert/
†4　https://keras.io/
†5　https://www.tensorflow.org/

付録 C
GPU 環境の設定

　本書で紹介したプログラムを GPU 環境下で動作させるまでの手順を述べます。
OS は Ubuntu 16.04 を仮定します。GPU のハードウェアとしては、付録 D にあ
る NVIDIA のビデオカード（GPU メモリは 8～24 GB 程度）、あるいは、それとほ
ぼ同等の GPU メモリを有するビデオカードが利用できると仮定します。

■ Cuda のインストール

　ディープラーニングを行う場合の最初の環境設定は、GPU メモリをもつビデオ
カードのデバイスドライバのインストールを行うことです。そのようなドライバの
中でも Cuda は、中枢となる重要なドライバとなります。また、Cuda は並列コン
ピューティングのプラットホームを提供してくれます。Cuda の汎用並列プログラ
ムは C/C++言語で書かれていて、nvcc とよばれる専用のコンパイラやライブラリ
が必要ですが、これは Cuda のインストールと同時に、システムにインストールさ
れることになります。Cuda は毎年進化し続けていますが、Keras のバックエンド
である TensorFlow のバージョン 1.9.0 との相性を考慮し、本書ではバージョン 9.0
の Cuda を仮定します。

　まず、NVIDIA の Web サイトから Cuda 9.0 対応のドライバをダウンロードし
ます。次に、Web ブラウザで https://developer.nvidia.com/cuda-90-download-
archive にアクセスします。その後、図 C-1 のように選択します。

　すると、図 C-2 のような詳細なメニューが現れますので、一番上にあるダウンロー
ドボタンでベースとなるインストーラを入手します。容量は 1.2 GB 程度あり、名前は

```
cuda-repo-ubuntu1604-9-0-local_9.0.176-1_amd64.deb
```

です。また、それ以外のパッチもすべて入手しておきます。

　これらが入手できたら、Ubuntu のターミナル窓から以下のように入力します。

```
$ sudo dpkg -i cuda-repo-ubuntu1604_9-0-local_*_amd64.deb
```

付録 C　GPU 環境の設定 | 199

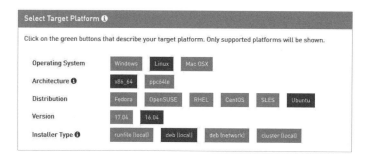

図 C-1　Cuda 9.0 のダウンロードサイト（色の濃い部分を選択）

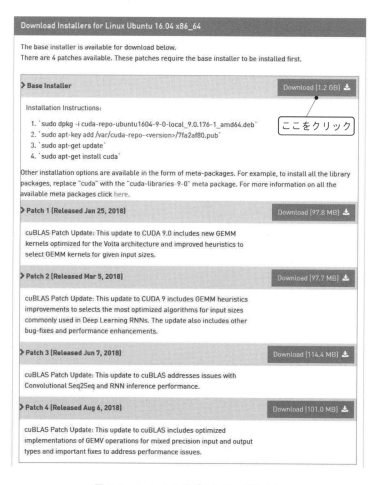

図 C-2　Cuda 9.0 のダウンロードサイト

付録 C　GPU 環境の設定

```
$ sudo apt-key adv --fetch-keys \
  http://developer.download.nvidia.com/compute/cuda/repos/ubuntu1604/x86_64/7fa2af80.pub
$ sudo apt update
$ sudo apt install cuda-9-0
```

このあと必要に応じてシステムを再起動します。

　次に、Ubuntu にログインし、/home/aono（aono の部分はユーザ名を入れる）にある.bashrc ファイルを編集し、環境変数 PATH に/usr/local/cuda/bin を加えます。

```
export PATH=/usr/local/cuda/bin:/usr/local/bin:/usr/bin:/bin:/usr/sbin:/sbin:$PATH
```

　その後、

```
$ source ~/.bashrc
```

とし、ターミナル窓から Cuda が正しくインストールされたかを以下のように確認します。

```
$ which nvcc
/usr/local/cuda/bin/nvcc
$ which nvidia-smi
/usr/bin/nvidia-smi
```

　最後に、nvidia-smi コマンドを実行します。ビデオカードが正しく認識され、GPU メモリの使用可能量が以下のように表示されれば、Cuda のインストールは終了です。

```
$ nvidia-smi
Tue Jan  8 23:59:42 2019
+-----------------------------------------------------------------------------+
| NVIDIA-SMI 384.130                 Driver Version: 384.130                   |
|-------------------------------+----------------------+----------------------+
| GPU  Name        Persistence-M| Bus-Id        Disp.A | Volatile Uncorr. ECC |
| Fan  Temp  Perf  Pwr:Usage/Cap|         Memory-Usage | GPU-Util  Compute M. |
|===============================+======================+======================|
|   0  Quadro P6000         Off | 00000000:D8:00.0 Off |                  Off |
| 26%   44C    P0    62W / 250W |      0MiB / 24443MiB |      0%      Default |
+-------------------------------+----------------------+----------------------+

+-----------------------------------------------------------------------------+
```

■ cuDNN のインストール

Cuda のインストールだけでは、ディープラーニングの開発環境は終了していません。NVIDIA は Cuda 上でディープラーニングの開発が可能なように、cuDNN という GPU のアクセラレーションライブラリを提供しています。これは、NVIDIA に自分の名前を登録することでダウンロードできます。

Cuda のインストールと類似する手順ですが、Web ブラウザで https://developer.nvidia.com/cudnn にアクセスし、登録したメールアドレスとパスワードでログインします。その後、図 C-3 から `Download cuDNN` を選択します。

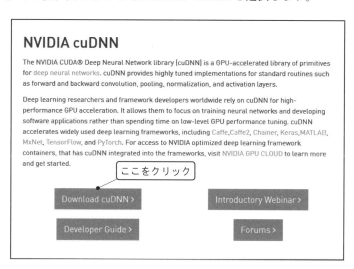

図 C-3　cuDNN のダウンロードサイト

すると、図 C-4 のような画面が現れます。ライセンス条項に同意し、Cuda 9.0 対応の cuDNN を選択しスクロールすると、図 C-5 のような画面が現れるので、枠内で囲んだライブラリ（Linux 用のライブラリ、Ubuntu 16.04 対応の Runtime ライブラリ、Developer ライブラリ、コードサンプル）をダウンロードします。

そして、Linux 用のライブラリを以下のように展開してインストールします。

```
$ tar -xzvf cudnn-9.0-linux-x64-v7.tgz
$ sudo cp cuda/include/cudnn.h /usr/local/cuda/include
$ sudo cp cuda/lib64/libcudnn* /usr/local/cuda/lib64
$ sudo chmod a+r /usr/local/cuda/include/cudnn.h
$ sudo chmod a+r /usr/local/cuda/lib64/libcudnn*
```

残りのライブラリは、以下のようにインストールします。

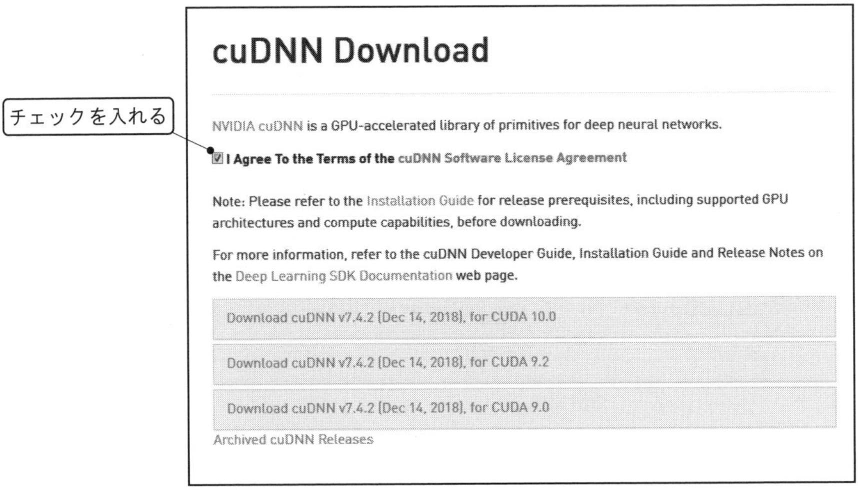

付録 C　GPU 環境の設定

チェックを入れる

図 C-4　Cuda 9.0 用の cuDNN のダウンロードサイト

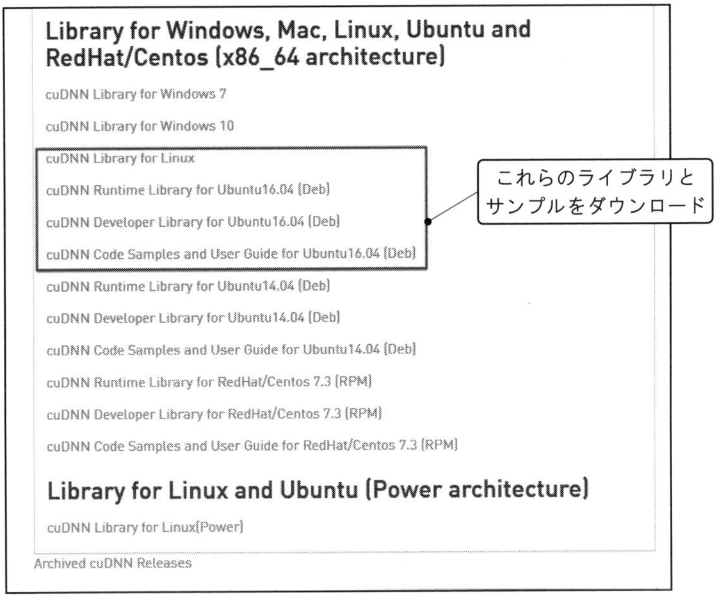

これらのライブラリと
サンプルをダウンロード

図 C-5　cuDNN のライブラリ選択画面

```
$ sudo dpkg -i libcudnn7_7.*+cuda9.0_amd64.deb
$ sudo dpkg -i libcudnn7-dev_7.*+cuda9.0_amd64.deb
$ sudo dpkg -i libcudnn7-doc_7.*+cuda9.0_amd64.deb
```

この後は、付録 D にあるように、(pip3 を用いて) TensorFlow や Keras をインストールします。TensorFlow と Keras が正しくインストールできているかは、Python 3 を起動して確かめます。以下のような表示で何もエラーが出なければ、TensorFlow も Keras も正しくインストールされていることになります。

```
$ python3
Python 3.5.2 (default, Nov 12 2018, 13:43:14)
[GCC 5.4.0 20160609] on linux
Type "help", "copyright", "credits" or "license" for more information.
>>> import tensorflow
>>> import keras
Using TensorFlow backend.
```

■ Jupyter の設定

まず、ターミナル窓などから、

```
$ jupyter-notebook --generate-config
```

を実行します。そうすると、自分のホームディレクトリに

```
".jupyter"
```

というフォルダ（ディレクトリ）が生成されます。そのフォルダに移動すると、

```
"jupyter_notebook_config.py"
```

という名前の設定ファイルが見つかるので、適当なエディタでこのファイルを編集します。

まず、先頭付近に

```
c = get_config()
```

があることを確認してください。Jupyter を実行する際に、特定のフォルダ直下をデータの保存場所や Jupyter 用のプログラムの開始場所とすることが多い場合は、たとえば

```
import sys
sys.path.append("/home/aono/myJupyter")
```

のような行を入れておいてください（**aono** の部分はユーザ名を入れる）。

次に、設定ファイルの先頭から 1/3 程度進んだところで、

```
c.NotebookApp.ip = "*"
```

があることを確認してください。また、200 行目の少し下で

```
c.NotebookApp.open_browser = False
```

となっていることを確認してください。パスワードを設定している場合は、220 行前後にあるパスリードが設定されていることを確認してください。

```
c.NotebookApp.password = u'sha1:32d......'
```

上述の......には、多数の 16 進数が並びます。

なお、同じサーバ上で複数人が Jupyter を走らせる場合は、

```
#c.NotebookApp.port = 8888
```

の行をアンコメントし、適当なポート番号を追加ください（上の例からもわかるように、デフォルトは 8888 です）。

付録 D
実行環境

　本書で使用した各ソフトウェアのバージョン、およびハードウェア環境は以下の通りです。

■ソフトウェア

- Python 3.5.2
- TensorFlow 1.9.0
- Keras 2.2.4
- NumPy 1.15.3
- Jupyter 1.0.0
- gensim 3.6.0
- h5py 2.8.0
- mahotas 1.4.5
- matplotlib 3.0.1
- nltk 3.3
- pandas 0.23.4
- Pillow 5.3.0
- pydot 1.2.4
- pydot-ng 1.0.0
- scikit-learn 0.20.0
- scipy 1.1.0

Ubuntu 16.04 の場合、

```
$ sudo apt-get install python3-pip
```

で Python 3 用の pip をインストールしたら、あとは以下のように pip3 でインストールしていきます。

```
$ sudo pip3 install numpy
$ sudo pip3 install scipy
$ sudo pip3 install matplotlib
$ sudo pip3 install pandas
$ sudo pip3 install nltk
$ sudo pip3 install scikit-learn
$ sudo pip3 install gensim
$ sudo pip3 install pillow
$ sudo pip3 install mahotas
$ sudo pip3 install jupyter
$ sudo pip3 install h5py
$ sudo pip3 install tensorflow==1.9.0
$ sudo pip3 install tensorflow-gpu==1.9.0
$ sudo pip3 install keras
```

■GPU を使用する場合

- Tensorflow-gpu 1.9.0
- Cuda 9.0.176
- cuDNN 7.0.5

■動作確認済みハードウェア

- Ubuntu 16.04 LTS（GPU は以下のもの）
  NVIDIA GeForce GTX 1080（8 GB GPU メモリ）
  NVIDIA GeForce GTX TITAN X（12 GB GPU メモリ）
  NVIDIA Tesla K20（6 GB GPU メモリ）
  NVIDIA Tesla K40（12 GB GPU メモリ）
  NVIDIA Quadro P6000（24 GB GPU メモリ）
- CPU は以下のもの
  Intel Core i7-5820K 3.3 GHz
  Intel Core i7-5930K 3.5 GHz
  Intel Core i7 5960X 3.0 GHz
  Intel Core i7-6700K 4.0 GHz
  Intel Core i7-6800K 3.4 GHz
  Intel Xeon CPU E5-1650v3

Intel Xeon CPU E5-2620V3

Intel Xeon CPU E5-2660

Intel Xeon Silver 4114

- メインメモリ $64 \sim 256$ GB
- ハードディスク $8 \sim 48$ TB

■ 第 4 章の内容を実行する場合

以下の 3 点を満たしている必要があります。

1. **GPU の使えるマシン環境をもっている**：最低でも $8 \sim 12$ GB 程度の GPU メモリを前提としています。

2. **最大 1 時間程度で最低限必要な学習が終了する**：ユーザが望む精度の高さや損失の低さに達する時間として、おおよそ 1 時間以内で学習が終わるものを想定しています。たとえば、1 エポックが 60 秒で終わるなら 60 エポック程度で学習が終わるもの、1 エポックが 10 秒で終わるなら 360 エポック程度で学習が終わるものを想定しています。

3. **訓練データが膨大な場合、上記の仮定が満たせるようにデータを（ランダムに）サンプリングする**：条件 **1.**〜**2.** を保持しておくための追加条件です。一般的には多くのデータで訓練するほど、精度はよくなると考えられています。しかし、訓練データのサイズが大きすぎると、条件 **1.**〜**2.** を満たせなくなります。そこで、訓練データをランダムにサンプリングします。

参考文献

[1] A. Gulli and S. Pal. *Deep Learning with Keras.* Packt Publishing, 2017. (『直感 Deep Learning：Python × Keras でアイデアを形にするレシピ』大串正矢、久保隆宏、中山光樹訳、オライリー・ジャパン、2018)

[2] Preslav Nakov, Alan Ritter, Sara Rosenthal, Veselin Stoyanov, and Fabrizio Sebastiani. SemEval-2016 task 4: Sentiment analysis in Twitter. In *Proceedings of the 10th International Workshop on Semantic Evaluation*, SemEval '16, pages1–18, USA, June 2016.

[3] Francois Chollet. Xception: Deep learning with depthwise separable convolutions. In *The IEEE Conference on Computer Vision and Pattern Recognition (CVPR)*, July 2017.

[4] Karen Simonyan and Andrew Zisserman. Very deep convolutional networks for large-scale image recognition. In *Third International Conference on Learning Representations (ICLR)*, May 2015.

[5] Kaiming He, Xiangyu Zhang, Shaoqing Ren, and Jian Sun. Deep residual learning for image recognition. In *The IEEE Conference on Computer Vision and Pattern Recognition (CVPR)*, June 2016.

[6] Christian Szegedy, Vincent Vanhoucke, Sergey Ioffe, Jon Shlens, and Zbigniew Wojna. Rethinking the inception architecture for computer vision. In *The IEEE Conference on Computer Vision and Pattern Recognition (CVPR)*, June 2016.

[7] Christian Szegedy, Sergey Ioffe, Vincent Vanhoucke, and Alexander Alemi. Inception-v4, inception-resnet and the impact of residual connections on learning. In *AAAI Conference on Artificial Intelligence*, February 2017.

[8] Andrew G. Howard, Menglong Zhu, Bo Chen, Dmitry Kalenichenko, Weijun Wang, Tobias Weyand, Marco Andreetto, and Hartwig Adam. Mobilenets: Efficient convolutional neural networks for mobile vision applications. arXiv: 1704.04861, 2017.

[9] Gao Huang, Zhuang Liu, Laurens van der Maaten, and Kilian Q. Weinberger. Densely connected convolutional networks. In *The IEEE Conference on Computer Vision and Pattern Recognition (CVPR)*, July 2017.

[10] Barret Zoph, Vijay Vasudevan, Jonathon Shlens, and Quoc V. Le. Learning

transferable architectures for scalable image recognition. In *The IEEE Conference on Computer Vision and Pattern Recognition (CVPR)*, June 2018.

[11] Mark Sandler, Andrew Howard, Menglong Zhu, Andrey Zhmoginov, and Liang-Chieh Chen. Mobilenetv2: Inverted residuals and linear bottlenecks. In *The IEEE Conference on Computer Vision and Pattern Recognition (CVPR)*, June 2018.

[12] Hongyi Zhang, Moustapha Cisse, Yann N. Dauphin, and David Lopez-Paz. mixup: Beyond empirical risk minimization. In *International Conference on Learning Representations (ICLR)*, 2018.

[13] Daniel Maturana and Sebastian Scherer. Voxnet: A 3d convolutional neural network for real-time object recognition. In *IEEE/RSJ International Conference on Intelligent Robots and Systems (IROS)*, September 2015.

[14] Bruce Croft, Donald Metzler, and Trevor Strohman. *Search Engines: Information Retrieval in Practice*. Addison-Wesley, 2009.

[15] W. Richert. *Building Machine Learning Systems with Python*. Packt Publishing, 2013. (『実践 機械学習システム』斎藤康毅訳、オライリー・ジャパン、2014)

[16] François Chollet. *Deep Learning with Python*. Manning Publications, 2017. (『Python と Keras によるディープラーニング』巣籠悠輔監訳、株式会社クイープ訳、マイナビ出版、2018)

索 引

英数字

Activation	14
Adam	8
Add	15
bag of words	110
BatchNormalization	16
Bidirectional	14
BoVW 特徴量	161
BoW モデル	110
CIFAR10	42
CIFAR100	89
CNN → 畳込み型ニューラルネットワーク	
CNTK	12
Concatenate	15
Conv1D	13
Conv2D	13
ConvLSTM2D	139
Cuda	198
cuDNN	201
CuDNNLSTM	57
Dense	13
DNN 特徴量	64
Dot	15
Dropout	14
ELU 関数	3
Embedding	13
FC → 全結合型ニューラルネットワーク	
Flatten	16
Functional API モデル	18
GAN	100
gensim	50
Graphviz	39
ground truth	7
GRU	13
Hamming 損失	113
Haralick テクスチャー特徴量	157
HDF5	192

Input	16
Jaccard 係数	113
JSON	191
k-means	163
Keras	12
Lambda	14
LeakyReLU 関数	4
LSTM	13
MAE → 平均絶対誤差	
matplotlib	26
MaxPooling2D	16
mixup	100
MLP → 多層パーセプトロン	
MNIST	26
Model	19
MSE → 平均 2 乗誤差	
Multiply	15
NLTK	50
None	22
NumPy	193
pandas	145
Pickle	194
PIL	26
precision	137
recall	137
ReLU 関数	3
Reshape	14
RMSprop	8
RNN → 再帰型ニューラルネットワーク	
scikit-learn	35
Sequential モデル	17
SGD	8
sigmoid 関数	3
softmax 関数	3
Subtract	15
SURF 特徴量	161
SVM	112

tanh 関数	3	ずらし処理	180
TensorFlow	12	正規化処理	180
TF-IDF モデル	110	ゼロパディング	54
TF モデル	110	線形補間	100
Theano	12	全結合型ニューラルネットワーク	2
TimeDistributed	14	全結合層	2
Twitter	49	損失関数	8
VGG16	67		
Word2Vec	50	**た 行**	

あ 行

色テクスチャー特徴量	158	多層パーセプトロン	4
エポック−精度グラフ	33	畳込み型ニューラルネットワーク	4
エラー解析	174	データオーグメンテーション	89
		テンソル	12
か 行		特徴マップ	6
開発データ	49	トークン	111

か 行

開発データ	49	**な 行**	
学習率	8	ニューラルネットワーク	2
カスタマイズ層	20		
活性化関数	3	**は 行**	
カテゴリカル・クロスエントロピー	8	バイナリ・クロスエントロピー	8
カーネル窓	5	バックエンド	12
ガンマ関数	100	バッチ	7
教師あり学習	7	パディング	54
寄与率	153	ヒストグラム	156
クエリ	134	ヒンジ誤差	8
コサイン類似度	136	ファインチューニング	74
誤差逆伝播法	8	フィルタ	5
コールバック	46	ブーリアンモデル	110
混合行列	35	分散表現	50
		平均 2 乗誤差	8
さ 行		平均絶対誤差	8
再帰型ニューラルネットワーク	6	ベクトル文書モデル	110
ジェネレータ	66	ベータ関数	100
シェープ	12	補間 recall-precision グラフ	137
辞書	50		
周期性	178	**ま 行**	
重要度	154	マスキング	57
真値	7	マルチクラス分類	106
スケジューラ	96	マルチホットベクトル	116
ストップワード	110	マルチラベル・マルチクラス問題	106
ストライド幅	5	マルチラベル問題	106

メッシュデータ　　　　　　　　　127

や　行
予測値　　　　　　　　　　　　　　7

ら　行
ランダムフォレスト　　　　　　　154
ロイター　　　　　　　　　　　　106

わ　行
ワンホットベクトル　　　　　　　　29

著　者　略　歴
青野　雅樹（あおの・まさき）
1984 年　東京大学大学院理学系研究科情報科学専攻修士課程修了
1984 年　日本アイ・ビー・エム（株）入社
1994 年　米国ニューヨーク州レンセラー工科大学コンピュータサイエン
　　　　　ス学科 Ph.D. 取得
2003 年　豊橋技術科学大学情報工学系教授
2010 年　同大学大学院工学研究科情報・知能工学系教授
　　　　　現在に至る

編集担当　福島崇史（森北出版）
編集責任　藤原祐介（森北出版）
組　　版　三美印刷
印　　刷　　同
製　　本　　同

Keras によるディープラーニング
実践テクニック＆チューニング技法　　　　　　　　　　Ⓒ 青野雅樹　*2019*

2019 年 10 月 25 日　第 1 版第 1 刷発行　　　【本書の無断転載を禁ず】

著　　　者　青野雅樹
発 行 者　森北博巳
発 行 所　森北出版株式会社
　　　　　　東京都千代田区富士見 1-4-11 （〒102-0071）
　　　　　　電話 03-3265-8341／FAX 03-3264-8709
　　　　　　https://www.morikita.co.jp/
　　　　　　日本書籍出版協会・自然科学書協会　会員
　　　　　　JCOPY ＜（一社）出版者著作権管理機構　委託出版物＞

落丁・乱丁本はお取替えいたします.

Printed in Japan／ISBN978-4-627-85481-9

MEMO

MEMO

MEMO